誰でもできる、お金の超基本大全

1日5分でお金持ち

Get rich with just 5 minutes per day

株式会社Money&You代表取締役

頼藤太希

Taiki Yorifuji

CROSSMEDIA PUBLISHING

はじめに

「気づいたら、お金がなくなっていた」
「貯金しようと頑張ってたけど、いつの間にか諦めてしまった」
「もっとお金があれば、と思うけど行動に移せない」

お金に悩む人たちに話を聞くと、たいていこういう答えが返ってきます。
給料日前など、お金に意識が向く瞬間は「なんとかしなくちゃ」と思うけど、時間がたつと忘れてしまうのが現実。人生で必ずつきまとうお金の問題を、どこかで避けている人も多いのではないでしょうか。

お金持ちになるのは、実は簡単です。

「お金の知識」と「行動」を身につけて、貯金体質になればいいのです。

お金持ちになるには、「お金の知識」と「行動」が9割

「お金持ちは、ケチ」という話を聞いたことはありませんか？

これは半分正解で、半分間違っています。

なぜかというと、実際にお金持ちの人たちと話すと、金銭感覚は至極まっとうであるケースが多いからです。抑えるところは抑え、使うべきところにしっかり支払う。抑えている部分だけをみると、「ケチ」に見えるのです。このメリハリのついたお金の向き合い方こそ、お金が貯まる理由だと僕は思います。

お金持ちに共通しているのは、

お金と日々向き合う、貯金体質になっていることです。

実生活のさまざまな場面での考え方・行動を変えることで、どんどん貯金体質に近づいていきます。

でも、お金のことをよく知らないし、考える時間もない。それで毎月、毎年、同じことを繰り返してしまう。そんな声もよく耳にします。

そこでお金の基本から、投資、節税まで、押さえておくべき知識を1日5分で学べるように本書にまとめました。私はマネーコンサルタントとして今まで講演や相談を通して、5000人以上にお金の知識を伝えてきました。また、月間300万人が訪れるマネーサイト『Mocha(モカ)』やYouTube番組『Money&You TV』を自ら運営し、情報発信を続けています。本書では、それらの膨大なノウハウから、実生活に生かせるエッセンスだけを厳選しています。今まで貯金ができなかった人でも、本書のレッスンを学べば、劇的に変わるでしょう。

今までお手伝いする中で、成功する人と失敗する人を見てきましたが、

その違いは「行動・実践するかどうか」でした。

みなさんにもぜひアクションを起こしてほしいと思います。
ただ「役立つ情報は得たけど、実際にどうしたらいいかわからない」という悩みがあることも知っています。そこで、読んだらすぐに実行できるプランを「今すぐにできる、5分アクション」と題して記載しています。

まずLESSON1で基本を押さえ、LESSON2～4で支出について学びましょう。次に、LESSON5で意外と知らない「給付・手当」を含めた備え方、LESSON6で貯金の方法、そしてLESSON7で投資の知識をお伝えしていきます。この順番がお金持ちになる最短距離だと私は考えています。

1日1項目のレッスンを、DAY64まで用意していますが、興味があるところから読んでいただいても大丈夫です。ご自身のペースでゆっくりと進みましょう。

本書の特徴

特徴①

Q&Aだから、知識ゼロでも理解できる

お金や投資をテーマにした書籍だと、前提となる知識が必要になるケースがありますが、本書では、お金の初心者が抱く基本的な疑問に答える形にすることで、どなたにもわかりやすい内容を目指しました。

特徴②

読んだあと、何をすべきか？にこだわっている

読んで、その気になったけど「どうしたらいいの?」という状態では、お金持ちになることはできません。各項目に「今すぐにできる、5分アクション」も記載しています。また、内容も実践的であることにこだわっています。

特徴③ 1冊にお金の知識を盛り込んだ、決定版!

お金の原則的な考えから、「貯蓄」「家計簿」「節約」「控除」「給付・手当」「保険」「投資法」まで、お金の押さえておきたい知識を1冊に凝縮。とくに知らないと損する「控除」「給付・手当」を詳しく解説しながら、満遍なく学べる1冊です。

今から、1日5分で学び、お金持ちへの一歩を踏み出しましょう。

1日5分で、お金持ち　目次

LESSON 1
「お金持ちになる」ための基本を学ぶ

LESSON 2 自分のお金の使い方を把握する

LESSON 3

大切なお金を1円でも賢く納める

LESSON 4

最高のコスパを実現するお金の使い方

LESSON 5

「まさか」のときに備える

LESSON 6 確実に目標金額を貯める

LESSON 7

お金を増やす投資の知識

本書は情報提供を目的としています。本書の内容は2020年12月17日現在のものであり、予告なく変更されることもあります。また、内容には細心の注意を払いましたが、正確性を保証するものではないことをご了承くださいませ。個別商品の詳細については、各金融機関に直接お問い合わせをお願いします。情報の利用によって、万が一損害が発生した場合、出版社および著者は責任を負いかねます。投資にあたっての最終判断はご自身の責任でお願いします。

Get rich with
just 5 minutes
per day

LESSON 1

「お金持ちになる」ための基本を学ぶ

Get rich with
just 5 minutes per day

DAY 01

お金について知らなくても、なんとかなると思っています。ダメですか？

収入は、増えるどころか減る時代。お金の貯め方、使い方など、マネーリテラシーを身につけよう

日本には給料が右肩上がりで増え、預金するだけで毎年数%の利息が受け取れるという、夢のような時代がありました。しかし、そんな時代はとっくに終わりました。すでにひしひしと感じているはずですが、昔と今の経済、社会状況は大きく違います。

たとえば、**私たちの手取りの給料は、相対的に目減りしています**。もらえる給料の額を表す「名目賃金」の伸びより、物価を加味した給料の額を表す「実質賃金」の伸びが少なくなっています。ということは、物価の上昇に給与の上昇が追いついていないということで

実質賃金の推移

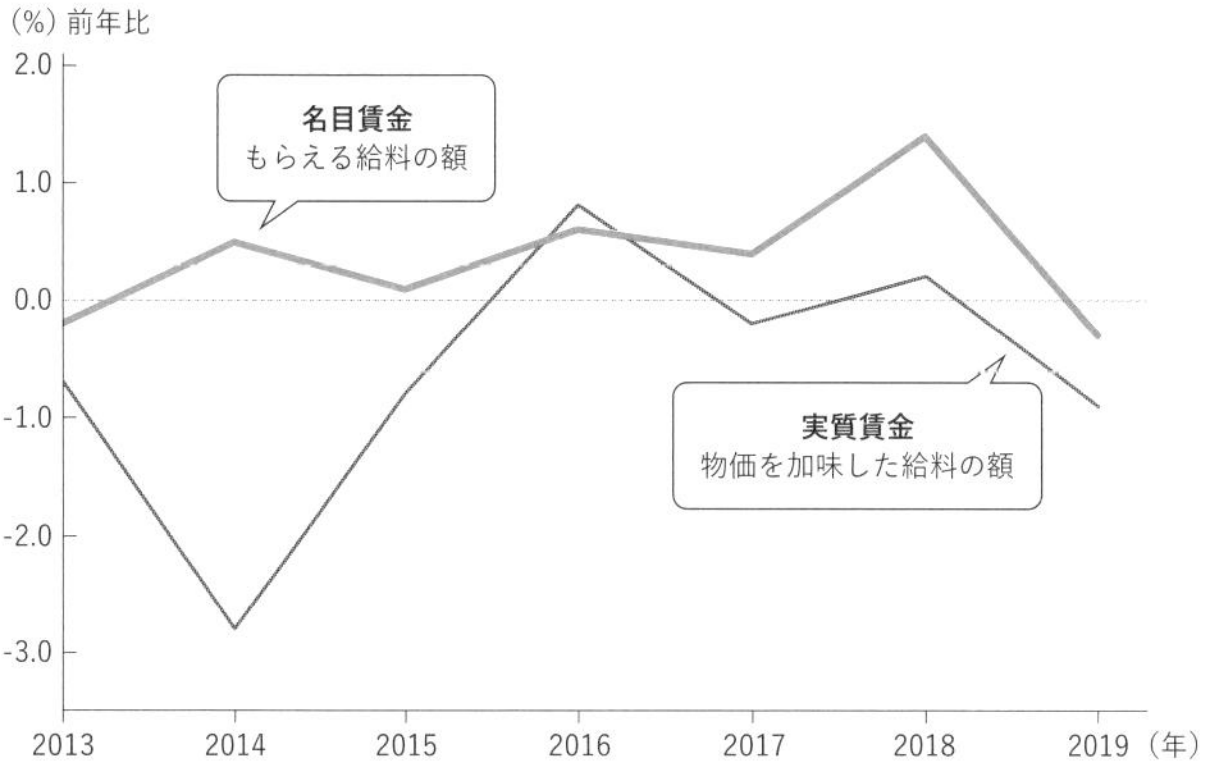

手取りの給料は、相対的に減っています。

出所：厚生労働省「毎月勤労統計調査2019年分結果確報」

すから、給料が実質減っています。

また、社会保険料や税金などの負担が増えることで、生活に回せる金額はさらに減っていきます。このままお金のことを考えずにいれば、「貯金ができない」「借金が減らない」などと、お金に悩む人はどんどん増えていくでしょう。

また、今の生活がどうにかなったとしても、将来はわかりません。**老後の生活費は、年金だけで足りないのは事実です。**

日本の平均寿命は世界トップクラスです。世界保健機関（ＷＨＯ）公表の２０１９年版「世界保健統計」によると、16年の世界の男女合わせた平均寿命は72・0歳。これに対し、２０１９年の日本人の平均寿命は女性が87・45歳、男性が81・41歳となっています。長生きはいいことですが、その分の生活費も必要になります。最近では「老後資金２０００万円不足問題」も話題になりました。少子化によって今後もらえる年金の額が減ったり、医療費の負担が増えたりすることも考えると、自助努力なしでは厳しいのです。

こんな時代を生き抜いていくには、マネーリテラシーが不可欠です。

マネーリテラシーとは、お金の知性を持って正しくお金と向き合うための能力です。ほとんどの日本人は、お金に対する教育を受けずに社会に出るので、十分なマネーリテラシーがない状態です。マネーリテラシーが乏しいと、お金に振り回され、自分らしく生活することができません。しかし、これからマネーリテラシーを磨いていけば大丈夫。お金のことを少しずつ考え、お金の貯め方、使い方、節約の仕方、増やし方を身につけていけば、**お金に困ることがなくなり、自分が本当に願う人生を歩むことができる**ようになります。

ママ同士で教育費の話を熱心にしている姿を街中でよく目にします。これと同じような感覚で、お金を貯めたり増やしたりするにはどうしたらいいかを議論したり、節税術を教えあったりするような世界になったら、日本もより豊かになるでしょう。

5 minutes action
今すぐできる、5分アクション

左の質問に、いくつ即答できますか？

・毎月「何に」「いくら」使っているか把握していますか？
・口座の残高がいくらか把握していますか？
・財布の中にいくら入っているのか把握していますか？
・毎月いくら税金・社会保険料を払っているか把握していますか？

このような質問に答えられなくても大丈夫。ここから少しずつ学んでいこう！

DAY 02

お金の価値って変わるんですか？

実は小麦粉など、物価は今と昔で変わっています。預貯金だけだとお金が減ってしまうかも

貯金箱に１万円が入っていたとします。その１万円は、取り出さない限りそのまま１万円としてあり続け、額面そのものは減りません。しかし、だからお金の価値が減らない、というわけではありません。**お金の価値は変化するからです。**

たとえば１９０６年（明治39年）に発表された夏目漱石の小説『坊ちゃん』では、主人公の坊ちゃんが四国の中学校で数学の先生を務めます。このときの初任給は40円でした。２０１９年（令和元年）の愛媛県の中学校の先生の初任給は21万１８５４円ですから、約５３００倍もの差があります。

30年前と今の物価の違い

品目	1990年（30年前）	2010年（10年前）	2020年11月
小麦粉（1袋1kg）	202円	222円	263円
コーヒー1杯（喫茶店）	351円	417円	515円
洗濯代（Yシャツ1枚）	210円	232円	241円

物価はじわりじわりと時間をかけて上がっています。

※東京都区部小売価格を表示／出所：総務省「小売物価統計調査（2020年11月）」

明治時代は40円で1カ月生活できていたはずですが、今40円あっても、1食分にもなりません。なぜなら、**当時と今とでは、物価が大きく違うからです。**たとえ1万円が1万円のままあったとしても、物価が上昇してしまえば、1万円の価値は目減りし、下がってしまうことになります。

物価上昇（インフレ）はじわりじわりと時間をかけて起こります。上の表に示したとおり、1990年から2020年、約30年の物価の変化を見てみると、小麦粉1kgが202円から263円（約30%値上がり）、喫茶店のコーヒー1杯が351円から515円（約46%値上がり）、そしてYシャツ1枚の洗濯代が210円から

消費者物価指数（2015年平均＝100）総合指数の推移（2010年1月～2020年10月）

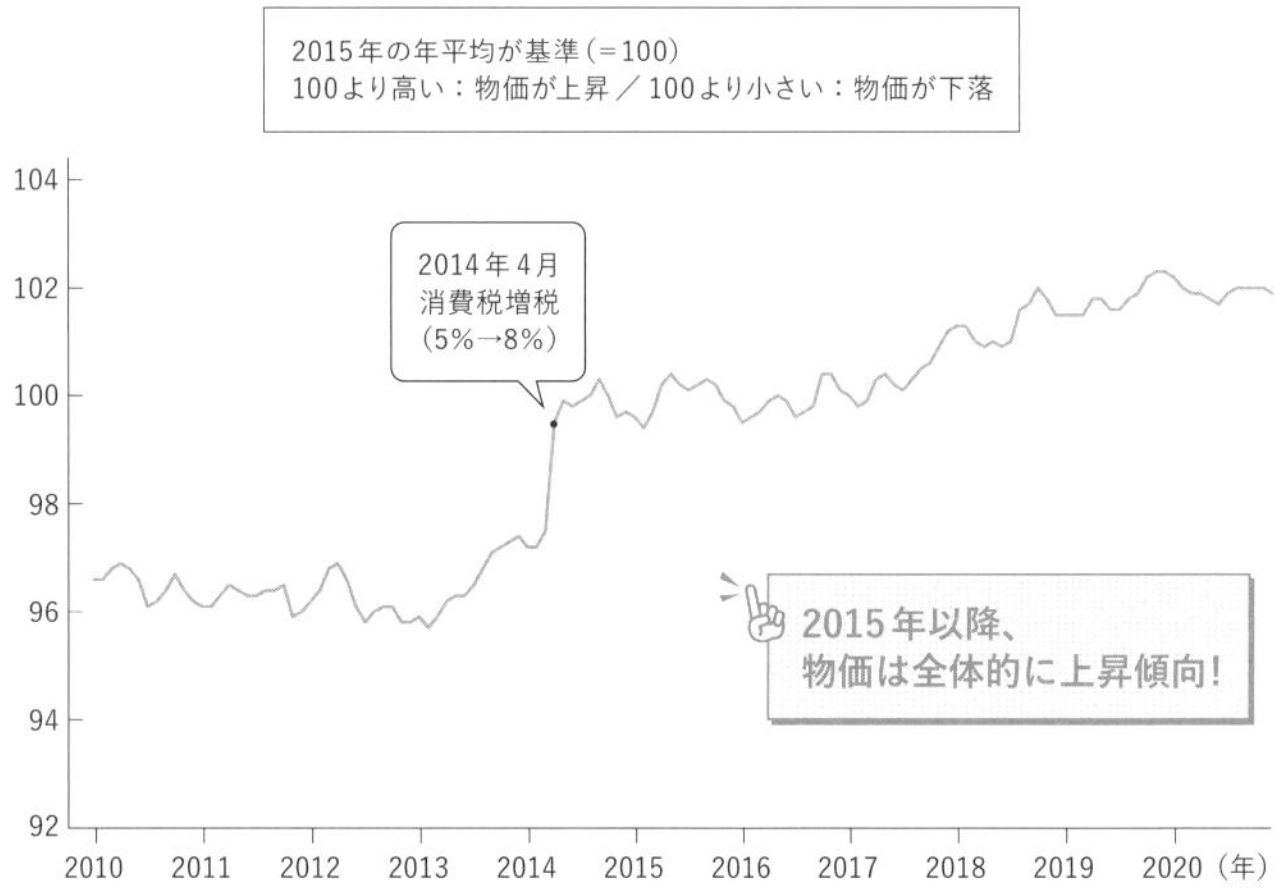

出所：総務省統計局「消費者物価指数」

241円（約15%値上がり）と、いずれも大きく上昇しています。そしてもちろん、これら以外の物価も同様に、少しずつ上昇しています。

現状、銀行の普通預金の金利は0・001%です。これは、1年間100万円を預けてようやく10円（税引き後で8円）増える計算です。物価がこの金利よりもハイペースで上昇すると、1万円の価値は目減りすることになります。

物価の変動を示す指標に「消費者物価指数」があります。これはある時点を基準にして、物価がどう変動したかを表すものです。本稿執筆時点で、２０１５年を１００とすると、２０２０年10月の消費者物価指数は１０１・８（総合）。つまり、２０１５年時点で1万円だったものが、２０２０年10月には1万１８０円になっているということです。

このように、お金の価値は変化し、目減りすることもあります。**預貯金を大切に持っていれば安心、ではないのです。**

5 minutes action
今すぐできる、5分アクション

身近なサービスが10年前の値段はいくらだったのかを考えてみよう

DAY 03

30代、40代、みんなどのくらい貯金しているんですか？

30代夫婦世帯は５２９万円、40代夫婦世帯は６９４万円が「平均」です

「みんなどのくらい貯金しているの？」

人に聞きにくいかもしれませんが、誰しも一度は思ったことがあるでしょう。そこで、結婚・出産・子育て・住宅購入などと、ライフイベントが集中する30代・40代の貯金額を見てみましょう。

金融中央委員会「家計の金融行動に関する世論調査（２０１９年）」のデータをもとに、単身世帯・二人以上世帯の金融資産保有額ごとの割合をグラフで表すと、次のようになります。

30代の金融資産保有額

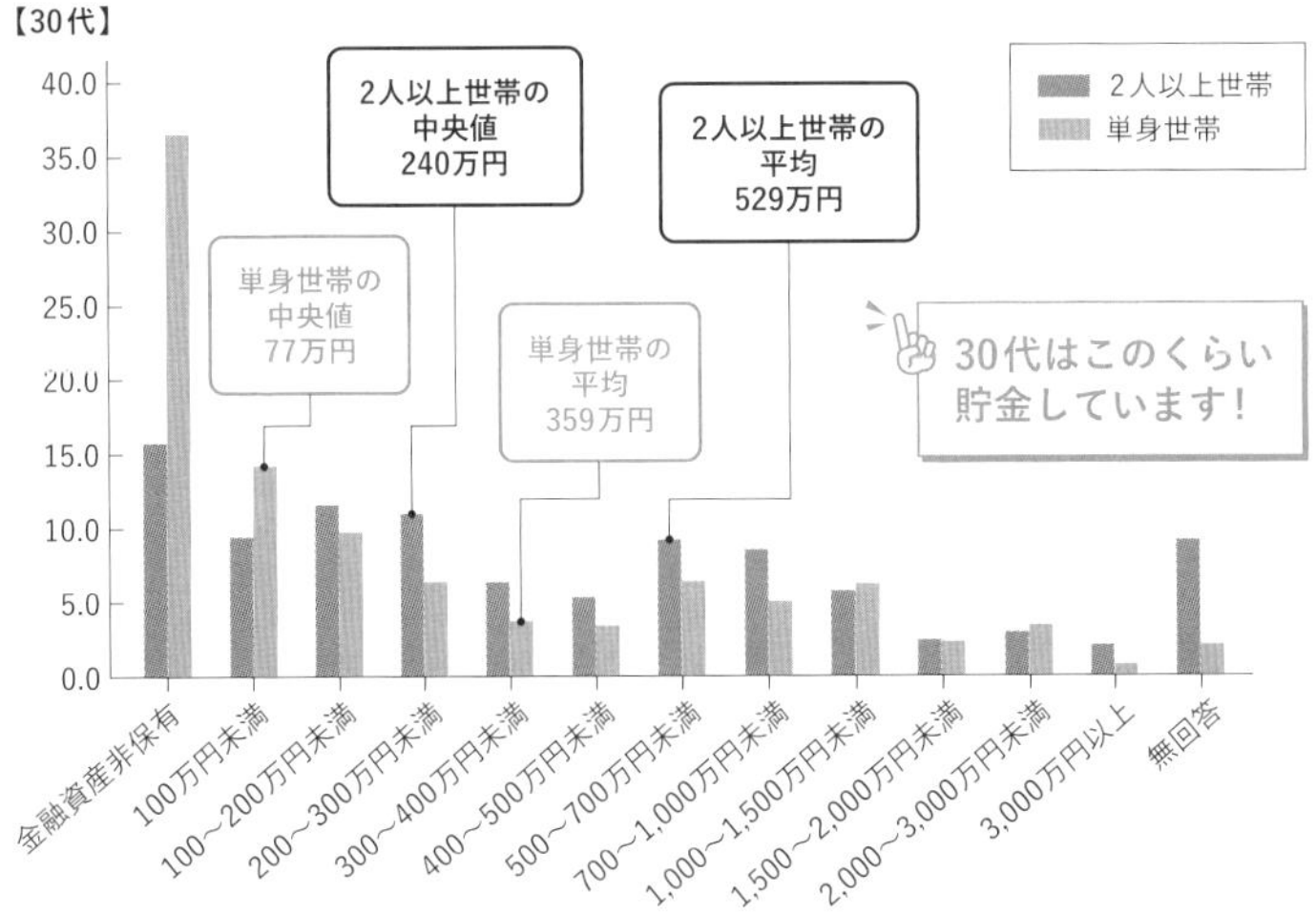

出所：家計の金融行動に関する世論調査（2019年）

データによると、

・30代単身世帯の平均貯蓄額は**359万円**、2人以上世帯の平均貯蓄額は**529万円**

・40代単身世帯の平均貯蓄額は**564万円**、2人以上世帯の平均貯蓄額は**694万円**

このように平均貯蓄額をまとめると、みんなけっこう持っているという印象を持たれるかもしれません。しかし、平均は一部のお金持ちが引き上げてしまうものです。そこで、中央値も見てみましょう。ここでの中央値は、お金を貯めている順に並んだ

40代の金融資産保有額

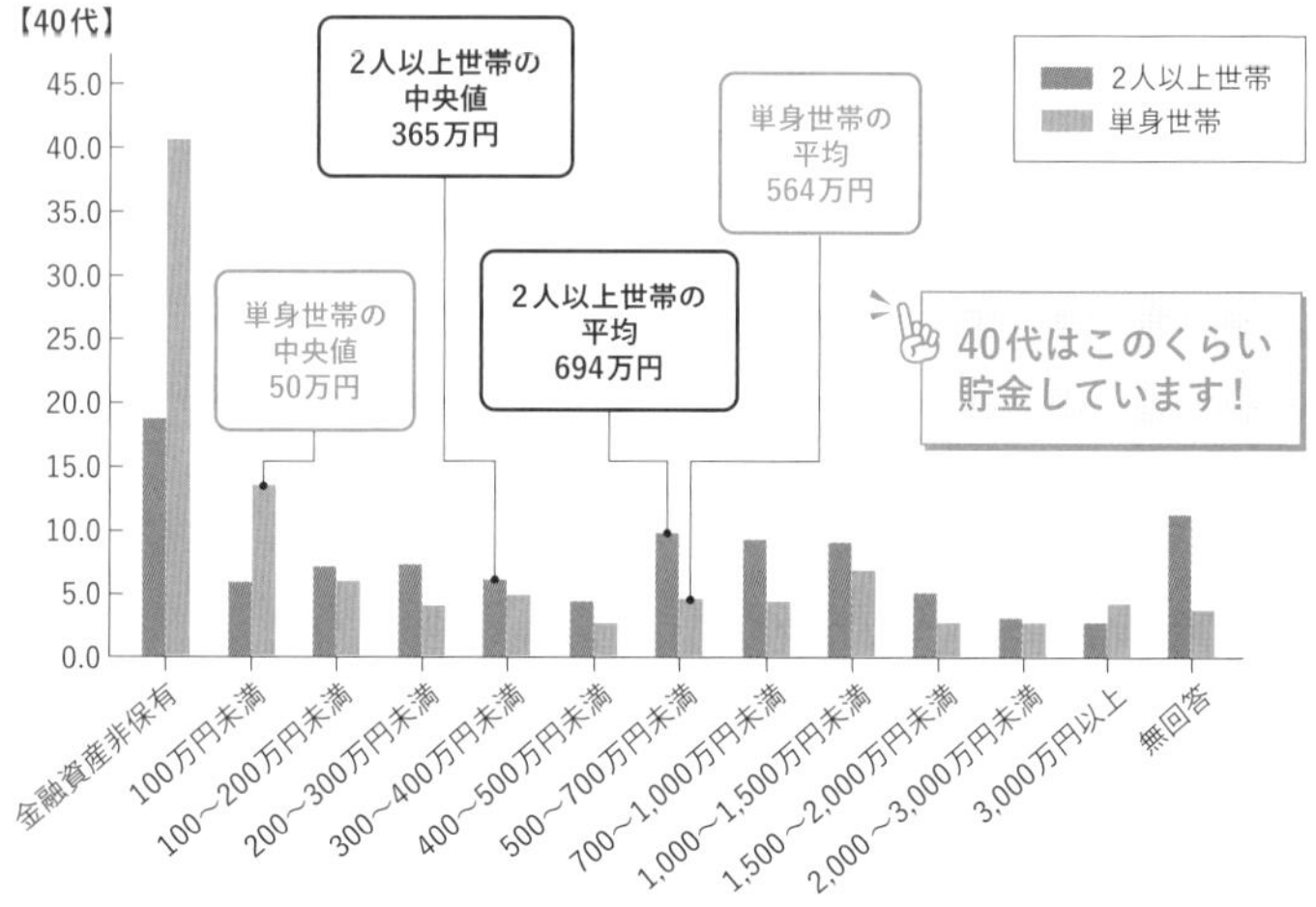

出所：家計の金融行動に関する世論調査（2019年）

ときに、ちょうど真ん中にくる人の金額のことです。

・30代単身世帯の貯蓄中央値は**77万円**、2人以上世帯の貯蓄中央値は**240万円**
・40代単身世帯の貯蓄中央値は**50万円**、2人以上世帯の貯蓄中央値は**365万円**

こちらのほうがより実感に近いのではないでしょうか。

改めて、データを見てみましょう。もっとも気になるのは、30代でも40代でも、

「金融資産非保有」の人がいるということです。その割合は2人以上世帯で約2割、単身世帯では約4割にものぼります。また、単身世帯の中央値は100万円にも達していません。たしかに、貯蓄がなくても、今のところ毎月の収入で生活がまかなえるのかもしれません。

しかし、**病気やケガ、リストラなど万が一の事態が起これればすぐに生活は苦しくなります。**

その一方で、すでに1000万円以上貯められている人も2割ほどいます。2割というと、これもまた多く感じられるかもしれませんね。

とはいえ、他の人が貯めている金額や、平均値・中央値などの金額は、あくまで統計上のデータでしかありません。「老後資金が2000万円必要」という話も、みなさんに当てはまるとは限りません。貯めたお金を使うのは自分自身なのですから、**自分の貯蓄の指針を持って貯蓄をしていくことが大切**だと考えます。

具体的には、次のような指針を持っておくといいでしょう。

・他人の物差しではなく、自分がどのように生きたいかを考える
・住宅資金、教育資金、老後資金、余暇資金など、貯める目的を決める
・いつまでにいくら必要なのかを考える
・確実に貯められる仕組みを構築する（先取り貯蓄：ＤＡＹ45）
・いざというときに備えて、生活費の6カ月から1年分は預貯金で確保する

まったく貯蓄がないという方も、今からスタートすれば大丈夫です。ぜひ、お金を貯めるための行動を始めましょう。

5 minutes action
今すぐできる、5分アクション

他人の貯蓄金額は気にしない。自分がどのように生きたいかを考えよう

Get rich with
just 5 minutes per day

DAY 04

マネープランってなんですか?

理想の人生に必要なお金を用意するための道しるべ。3ステップでつくってみましょう

筆者のもとには、お金の相談がたくさん届きます。毎月の家計の診断、教育・住宅・老後にかかる費用の相談、投資に関する話など、実にさまざまです。

とはいえ、**最初にすることは共通しています。それは、マネープランを考えることです。**

具体的には、次の3つのステップで考えていきます。

まず、**これからの人生でどのくらいのお金が必要かを計算します。**人生の三大費用と呼ばれる教育費、住宅の購入費、老後の生活費を中心に、これからの人生のイベントにかかる費用がどれくらいかを見積もります。次に、**これからいくらお金を貯められるかを検討**

マネープランの作り方

①これからの人生にかかる費用を計算する

結婚	150万円
住宅購入（頭金）	200万円
出産	50万円
教育	1,000万円
老後	2,700万円
その他	300万円
万が一の費用	600万円
合計	**5,000万円**

②これからいくらお金を貯められるかを検討する

現在の貯蓄額	200万円
現在の保有資産	300万円
これからの貯蓄額	3,000万円
合計	**3,500万円**

不足する金額
5,000万円－3,500万円＝**1,500万円**

【ライフイベントにかかる費用の一例】

マイホーム購入
3,663万7,000円※1

頭金の平均は424万円

教育
1,000～2,500万円※2

老後
1,200～2,000万円※3

③足りない分をどう用意するかを具体的に考える

（例）

節約して毎月3万円ずつ
多く貯めよう

30年で1,080万円
貯められる

副業で毎月2万円ずつ
稼いで貯金しよう

30年で720万円
貯められる

毎月1万円投資して
年3%の資産増を目指そう

30年で360万円が
約583万円に増える

①必要な金額－②用意できる金額＝③自助努力で用意すべき金額を計算して、マネープランを具体的に考えてみよう。

※1 住宅金融支援機構「2019年度フラット35利用者調査」より／※2 文部科学省「子供の学習費調査（平成30年度）」「私立大学等の平成30年度入学者に係る学生納付金等調査結果について」より／※3 総務省統計局「家計調査報告（2019年）」より

します。現在の貯蓄額や保有している資産はもちろんのこと、これから定年するまでに得られる給与から貯められる金額などを確認するのです。必要なお金から貯められるお金を引いた金額が黒字になっていれば老後も安心ですが、多くは赤字です。必要なお金が用意できない場合、**足りない分をどうやって用意するかを具体的に考えます。**たとえば節約したり、仕事をしたり、年金を増やしたり、投資で増やすことが考えられます。

お金に対する不安はたいてい、必要な金額や用意できる金額がよくわからないことから生じます。しかし、このように具体的なマネープランをつくり上げると、そうした不安が消え、将来に向けて一歩を踏み出せるようになります。

5 minutes action
今すぐできる、5分アクション

これからの人生にかかる費用を、ざっくり計算して空欄に数字を入れてみよう

マネープランの表（記入用）

①これからの人生にかかる費用を計算する

結婚	万円
住宅購入（頭金）	万円
出産	万円
教育	万円
老後	万円
その他	万円
万が一の費用	万円
合計	万円

②これからいくらお金を貯められるかを検討する

現在の貯蓄額	万円
現在の保有資産	万円
これからの貯蓄額	万円
合計	万円

③不足する金額

①−②	万円

まずはざっくりで大丈夫です。一度埋めてみましょう。

Get rich with
just 5 minutes per day

DAY 05

人生でお金がなくなる時期っていつ？

子どもの高校・大学進学時が一番ピンチ！「貯めどき」にどう貯めるかで将来が決まる

ライフイベントにはお金がかかります。このお金は、ライフイベント前に用意しなくてはなりません。だからといって、いつでも用意できるわけではありません。

長い人生の中には、お金の「かかりどき」と「貯めどき」があります。

学校を卒業し、就職してすぐは、収入もまだ少ないかもしれませんが、同時に支出も少ない時期。ですから、「**お金の貯めどき**」です。比較的余裕があります。

結婚式には少々お金がかかるものの、結婚した場合は、そのあと子どもが誕生するまでは、2馬力でお金を貯めていくことができます。

子どもが生まれると、夫または妻が育休を取ったり、時短勤務をしたりして収入がダウンすることもあり、少々不安定です。とはいえ、子どもの教育費がまだそれほどかからないうちは、お金を貯められるでしょう。

しかし、子どもが高校・大学に進学するころになると、家計に教育費が重くのしかかる「**お金のかかりどき**」になります。**教育費のヤマ場は、大学入学時点です。**お金がないから子どもが望む進路に進めない、というのは避けたい事態です。早いうちからコツコツ準備する必要があります。

子どもが独立してから定年退職までの時期は再び「貯めどき」になります。退職後の老後資金を貯めるラストチャンスです。退職後は、年金も受け取りながら、ここまでに貯めたお金を少しずつ取り崩しながら生活することになります。

お金がなくなる子どもの高校・大学進学時や老後にお金を貯めようとしても難しいで

ライフプランに応じた貯蓄計画

- **就職**
  - 貯めどき①
  - まだ収入も少ないが、支出も少ない時期。余裕をもってお金を貯めやすい
- **結婚**
  - 結婚は予算オーバーに要注意。出産は意外とお金がかからない
- **出産**
  - 貯めどき②
- **住宅購入**
  - 教育費はまだまだ少ない時期。貯めどき！
- **子の高校・大学進学**
  - かかりどき①
  - 教育費が重くのしかかり、貯めにくい時期

- **子の独立**
  - 貯めどき③
  - 子どもにお金がかからなくなってから定年までが最後の貯めどき。ラストスパート
- **定年**
  - かかりどき②
  - 収入が減るため、資産を取り崩して生活する時期。ここまでに必要資金を貯めておきたい

お金のかかりどきと、貯めどきを知っておこう。

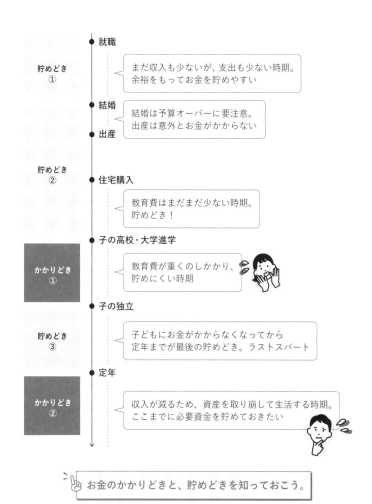

しょう。かかりどきに貯めるのは大変ですから、**比較的お金に余裕のある貯めどきにコツコツとお金を貯めることが大切**です。

5 minutes action
今すぐできる、5分アクション

自分のお金の「かかりどき」にいくら必要なのか、書き出してみよう

Get rich with
just 5 minutes per day

DAY 06

お金持ちになる人とそうでない人の違いってなんですか？

お金持ちは収入・貯蓄が「見える化」されていて、予算内で使えている

ここではお金持ちが実践している、お金の習慣・考え方を9つお伝えします。お金を貯められない人、お金がない人の多くは、この内容をできていないことが多いのです。

❶ライフプラン、マネープランを描いている

お金持ちは、これからの人生のライフプラン・マネープランを描いています。単身世帯の方でも「**○年後に○○する**」といった目標を持っていますし、夫婦世帯ならばそうしたライフプラン・マネープランを話し合い、共有しています。一度ライフプラン、マネープ

ランをつくっても時間がたてば変更になるものですが、お金持ちはつど調整もしています。

❷支出を「見える化」し、予算を立てて家計運営している

お金を貯めるうえで大切なのは、支出を減らすこと。**お金持ちは支出をはっきりと「見える化」し、予算を立てています。**たとえ毎月の収入が少なくても、支出を減らしていくことで、お金は確実に増えます。

❸支出の価値基準が明確

お金持ちは、自分たちにとって価値があるものにしかお金を使いません。他人が評価するものよりも、**自分たちにとって本当に必要なものや大切なものにお金を使います。**それだけ、無駄な支出をしないというわけです。

❹貯蓄の仕組み化をしている

お金持ちは、余ったお金を貯蓄するのではなく、先に貯蓄分を確保して、残ったお金で生活する「**先取り貯蓄**」をしています。シンプルな仕組みですが、効果は絶大ですので、

お金を貯めたいならば先取り貯蓄を確実に行う必要があります。

❺投資脳で考えている

お金は使うと減るからと「なるべく使わずに節約」と考える人は「**消費脳**」。もちろん、無駄遣いを減らすのは大切ですが、これではお金は増えません。ちなみに、無駄遣いや気晴らしの出費が多い人は「**浪費脳**」です。

お金持ちは「お金は使うと増える」という「投資脳」で考えます。「お金を価値あるものに使って今あるお金をもっと増やそう！」と考えているのです。資産運用に限らず、自分に投資する「自己投資」も投資の一部です。

❻流行・経済・金融商品へのアンテナが高い

お金持ちは流行・経済・金融商品に詳しく、お得なものをいち早く取り入れます。

キャッシュレス決済を試したり、高還元率のクレジットカードを使ったり、節税に役立つ「つみたてＮＩＳＡ」や「ｉＤｅＣｏ」をフル活用したりしています。

❼中長期的な視点に立ってお金を使っている

お金持ちは、目先の楽しみにお金を使うのではなく、**「今お金を使うことで将来どうなるか」**を考えます。そして、予算をきちんと守って支出をします。

❽財布・身の回りを整理整頓している

お金持ちはとにかく**財布がきれい**です。すらっとした長財布できれいにしている方もいれば、カードだけでコンパクトにしている方もいます。

❾決断が早くまめに行動している／思考がポジティブ

相談で行った**アドバイスをすぐに実行するのはやはりお金持ち。**「どうすればお金が貯まるか」を考え、ポジティブに行動するので、お金が貯まるのです。お金のことを話すのが好きなのもお金持ちに共通する思考です。

5 minutes action
今すぐできる、5分アクション

9つのお金の習慣・考え方から真似できることを今から実践してみよう

Get rich with
just 5 minutes per day

DAY 07

お金を増やすって一言でいうけど、どの順番で考えたらいいの？

第一歩は、まずは貯蓄。そして小さく投資。非課税制度を優先利用しながら、コツコツ始めよう

まず生活費の6カ月から1年分の預貯金を貯めましょう。その金額があれば、万が一ケガや病気をしたり、リストラされたりしてもひとまず大丈夫でしょう。

今度は、**お金を大きく失うリスクを抑えながら増やす「積立投資」を取り入れましょう。**

値動きのある商品は、積み立てでコツコツ購入すると、価格が安いときにたくさん買い、高いときに少しだけ買うので、平均購入価格を下げることができます（ドルコスト平均法）。

これにより、値上がり時の利益を得やすくなります。

積立投資でまず利用したい制度に、**つみたてNISAとiDeCo（イデコ・個人型確**

定拠出年金）があります。どちらも、**利益（運用益）が非課税**になるため、より効率よくお金が貯められます。

つみたてＮＩＳＡでは、投資で得られた利益にかかる20・315％の税金がゼロになります。年間の投資金額は40万円まで、非課税期間は20年。購入できる商品は金融庁が定めた基準を満たす投資信託やＥＴＦに限定されています。楽天証券、ＳＢＩ証券、マネックス証券などでは100円程度の少額からスタートできます（詳しくはＤＡＹ55）。

また、ｉＤｅＣｏ（イデコ・個人型確定拠出年金）は現役時代に一定金額を毎月積み立てて運用し、その運用結果を老後に受け取る制度です。ｉＤｅＣｏの掛金は60歳まで原則として引き出せませんが、積立中、運用中、年金を受け取るときに税制優遇があり、つみたてＮＩＳＡよりも非課税のメリットは大きくなっています（詳しくはＤＡＹ26）。

もし、「いきなり投資はちょっと怖い」「投資に振り向けるお金がない」という場合は、**ポイント投資や100円や1000円など少額からの積立投資**もおすすめです。

ポイント投資は、株や投資信託といった金融商品にポイントを利用して投資できるサービス。通常の投資と同じく、買った商品が値上がりすれば儲けが出ますし、逆に値下がりすれば損が出ます。しかし、**ポイント投資の元手は基本的にはポイントですから、仮に値下がりしても手持ちの現金が減ることはありません**（詳しくはＤＡＹ57）。

少額からの積立投資は、スマホで取引を行う「スマホ証券」のサービスが充実してきています。たとえばOne Tap BUY（ワンタップバイ）の「積み株」では、１０００円から、米国株の主要銘柄を積立で購入可能。また、ＬＩＮＥ証券の「つみたて投資」なら、毎月１０００円から投資信託の積立投資ができます（詳しくはＤＡＹ64）。

貯蓄も投資も、**できる金額から始めてコツコツと継続すること**が大切です。

たとえば、10年で１０００万円貯める場合、貯金だけだと毎月８万３３３３円の積み立てが必要になります。この金額をいきなり貯めるのはなかなか厳しいですよね。でも、**「月３０００～５０００円から始める積立投資」と「ボーナスも含めた積立貯金」を並行して行えば、投資が年利３％の運用だとしても達成可能**です。

10年で1000万円貯めるための、貯金・投資計画

月3,000円の投資からはじめても、1,000万円貯まります！

	投資			貯金			累計投資元本
	毎月投資額	ボーナスからの投資額（年2回分）	累計投資額	毎月貯金額	ボーナスからの貯金額（年2回分）	累計貯蓄額	
1年	3,000円		3万6,000円	1万円	20万円	32万円	35万6,000円
2年	6,000円		10万8,000円	2万円	20万円	76万円	86万8,000円
3年	1万円	10万円	32万8,000円	3万円	20万円	132万円	164万8,000円
4年	2万円	10万円	66万8,000円	3万円	20万円	188万円	254万8,000円
5年	3万円	16万円	118万8,000円	3万円	14万円	238万円	356万8,000円
6年	4万円	16万円	182万8,000円	3万円	14万円	288万円	470万8,000円
7年	5万円	20万円	262万8,000円	3万円	10万円	334万円	596万8,000円
8年	5万円	20万円	342万8,000円	3万円	10万円	380万円	722万8,000円
9年	5万円	20万円	422万8,000円	3万円	10万円	426万円	848万8,000円
10年	5万円	20万円	502万8,000円	3万円	10万円	472万円	974万8,000円

	投資			貯金			資産総額
	毎月投資額	運用益	元利合計	貯金額	利息	元利合計	
1年	3万6,000円	499円	3万6,499円	32万円	1円	24万1円	27万6,500円
3年	32万8,000円	8,390円	33万6,390円	132万円	16円	132万16円	165万6,406円
5年	118万8,000円	4万9,912円	123万7,912円	238万円	52円	238万52円	361万7,964円
7年	262万8,000円	16万3,758円	279万1,758円	334万円	108円	334万108円	613万1,867円
10年	502万8,000円	53万457円	555万8,457円	472万円	228円	472万228円	1,027万8,685円

※手数料を含めず、利回り3%（1年複利）・税引前で計算

スタート時は、投資も貯金も無理のない範囲で始め、年数がたつにつれて、毎月の貯金と投資の合計額を増やします。また、10年のうちの後半は貯金額を減らし、その分を投資に回していきます。年に2回ボーナスがあれば、1回のボーナスで貯金と投資合わせて15万円回していきたいところです。

前ページに1000万円貯めるプランを載せておきましたので、ぜひ参考にしてくださ い。このプランでいくと、10年後の貯金額合計は472万円（利息228円）、10年後の投資額合計は502万8000円（運用益53万4557円）。資産総額は1027万8685円になります。

今すぐできる、5分アクション
5 minutes action

月3000円の投資を積立投資、ポイント投資、どれから始めるか考えてみよう

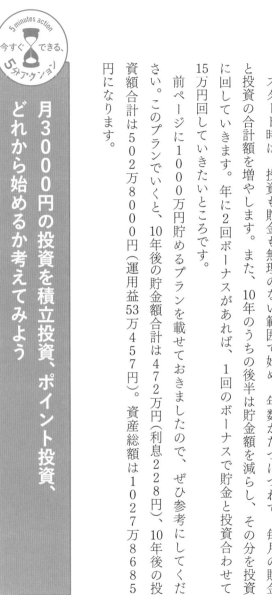

LESSON 2

自分のお金の使い方を把握する

Get rich with
just 5 minutes per day

DAY 08

最終的に収支がマイナスにならなければいいと思っていますがダメですか？

どう使ってもマイナスにならない仕組みづくりが大切です

お金は、貯めようとしなければ貯まりません。「最終的に収支がマイナスにならなければいい」という考えでは間違いなくお金は貯められません。

お金を貯める前に大事なことは、**お金を貯める目的を明確にする**ことです。たとえば、100万円を貯める場合でも、なんのために貯めるのかをはっきりさせないと、貯蓄のモチベーションを維持しにくいからです。

目的がはっきりしたら、目的別に適した資産でお金を貯めます。

目的別にお金を整理する

	短期	中期	長期
貯める目的	**日々出入りするお金** ◎住居費、食費 ◎光熱費　など	**使い道が決まっているお金** ◎車の買い替え ◎住宅購入　など	**将来のためのお金** 老後の生活資金
とくに重視すべきこと	**流動性** お金がすぐに使えること	**安全性** お金が確実に準備できること	**収益性** お金が効率よく増やせること

お金に色をつける習慣をつけると
目的に合わせて貯めやすくなります！

具体的には、お金を**「日々出入りするお金」「5年以内に使い道が決まっているお金」「将来のためのお金」**に分け、それぞれ別の口座や金融商品、方法で貯めます。

「日々出入りするお金」とは、もしもの場合に備えるお金や日常生活費です。やはりもしもの場合に備えて、生活費の6カ月～1年分は確保しておきましょう。できれば1年分あれば、急な病気やケガで働けなくなったり、リストラや転職などが起こったりしても慌てずにすみます。「日々出入りするお金」は出し入れしやすい**普通預金口座**で貯めておくとよいでしょう。

お金を3つのジャンルに分ける

日々出入りする お金	使い道が 決まっているお金	将来のための お金
(例)食費：月３万円	(例)車購入の頭金：50万円	(例)老後の生活資金：2,000万円

自分のお金を目的別に書き出してみよう。

結婚資金やマイホームの頭金、留学費用など、「**5年以内に使い道が決まっているお金**」は、普通預金よりも増やしたいところですが、いざ使うときに元本割れしていると大変です。比較的安全性が高い**定期預金**や**個人向け国債**が適しています。

「**10年以上使わない将来のためのお金**」は、使うまでに時間の余裕があるので、元本が割れる可能性はあるけれど、大きく増える可能性がある**投資信託**や**株式**、**外貨**などにチャレンジして、積極的に増やしていくといいでしょう。

このような仕組みで先取り貯蓄をしておけば、残りをどう使ってもマイナスにはなりませんし、貯蓄も確実にできていきます。

目的別にお金を整理し、あとはそこに向かってお金を貯めていくだけだとわかっていても、長い間には、モチベーションが下がってしまうときもあるでしょう。LESSON6で紹介しますが、財形貯蓄や自動積立定期預金、さらにはiDeCoやつみたてNISAなどといった仕組みを使うと、貯蓄が自動的にできます。これなら、モチベーションなど関係なしにお金を貯められます。便利なサービスをフル活用して、効率よくお金を貯めていきましょう。

5 minutes action
今すぐできる、5分アクション

「日々出入りするお金」「使い道が決まっているお金」「将来のためのお金」に分けてみよう

Get rich with
just 5 minutes per day

DAY 09

家計簿が重要なのはわかっているけど、正直めんどくさいです

何にお金を使っているかがわかれば十分！「かんたん家計簿」のつくり方を教えます

家計管理の基本といえば、昔も今も家計簿です。とはいえ「正直面倒くさい」「三日坊主で終わった」という声も耳にします。そこでぜひ試してほしいのが、ざっくりとお金の流れを記録した「**かんたん家計簿**」をつくることです。

家計簿で**大切なのは、大まかにどんなことにお金を使っているか、その傾向を把握すること**です。１円単位で帳尻を合わせることでも、毎日まめに記録することでもありません。

ですから、できるだけ簡単な方法で記録して、**支出の傾向をチェックすればＯＫ**です。

かんたん家計簿のつくり方は、とてもシンプルです。

かんたん家計簿

1カ月目

項目	合計
固定費	12万3,000円
食費・交際費	6万5,000円
その他	2万2,000円

2カ月目

項目	合計
固定費	12万2,000円
食費・交際費	5万5,000円
その他	1万8,000円

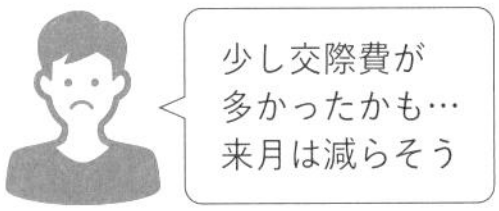
少し交際費が
多かったかも…
来月は減らそう

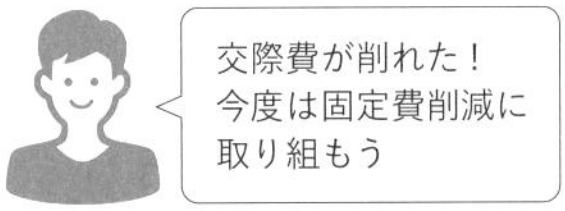
交際費が削れた！
今度は固定費削減に
取り組もう

大まかにどんなことにお金を使っているかを把握しよう。

まず、買い物のときにお店でもらうレシートや家に届く**領収書などを1カ月分集めましょう。**それらを大まかに「**固定費（家賃、保険料、通信・光熱費など）**」「**食費・交際費**」「**その他**」の3つ程度に分けます。封筒やクリアファイルなどにまとめて入れておけばいいでしょう。「その他」の金額が多いなら費目を分けても構いません。また、分類に迷ったら、金額の多いほうに入れて結構です。

1カ月分のレシートが用意できたら、**それぞれの金額を足して集計**してみましょう。このとき、1円単位で細かく計算する必要はありません。ざっくり1000円単位で十分です。これで、毎月の支出傾向がわ

おすすめ家計簿アプリ

マネーフォワード ME https://moneyforward.com/	Zaim(ザイム) https://zaim.net/	おカネレコ http://okane-reco.com/
銀行やクレジットカード会社だけでなく、証券会社や電子マネーに至るまで、約2,600ものサービスと連携している。入出金の履歴をもとに家計簿を自動作成し、複数の口座情報を一括管理。資産の推移や分析のグラフも自動で簡単に表示できる。レシート撮影機能あり	約1,500もの銀行やクレジットカード会社などと連携可能。家計プランナーが監修した支出の割合のバランス診断や医療費控除できるかのチェック、よく行くスーパーの特売情報の表示機能、定額サービスへの支払額のチェックなど多彩な機能を備える。レシート撮影機能あり	シンプルな操作・画面が特徴のわかりやすい家計簿アプリ。立ち上げるとすぐに入力画面が開き、電卓と同じ要領で入力ができる。設定機能を活用すると、支出の集計の締め日を変更できるなど、家庭の事情に合わせてカスタマイズできる。レシート読み取り機能あり(有料)

支出
¥94,063
家計簿アプリをダウンロードしてみよう。

かります。毎月1回、ちょっとだけ時間をとってさっと集計すればいいでしょう。毎日やる必要はありません。

最近は、場所も時間も選ばず手軽に利用できる「**家計簿アプリ**」が充実。日々の支出の管理に活用している人が増えています。

家計簿アプリには主に、

・レシートを撮影するだけで支出を記録(手入力も可能)
・金融機関と連携して、口座の残高や入出金を自動的に記録
・自動で家計簿を生成し、データを分析してわかりやすく示してくれる

といった機能があります。こういった機能により、家計簿づくりの時間と手間を大幅に削減できます。お金の管理がラクなので、無理なく続けることができます。お金が貯まる体質になるためにぜひ活用してみてください。

ここでは、おすすめのアプリを右ページで3つほど紹介しておきますので、使い勝手を試してみてくださいね。

5 minutes action
今すぐできる、5分アクション

クリアファイルを用意して、今日からレシートを1カ月間集めてみよう

Get rich with
just 5 minutes per day

DAY 10

家計簿って、支出さえわかればいいの？

家計のバランスシートで家計の改善点が明らかになります

支出が把握できれば、毎月の家計が黒字か赤字かわかります。しかし、家計全体の資産状況は把握できません。これを把握するには、**資産と負債の観点からも家計をチェックする必要があります。**

そこでまず、家計の「**バランスシート**」を確認しましょう。バランスシートとは、会社の資産と負債、そして資産から負債を引いた純資産を把握・分析することで、財産の状況を明らかにする表です。これを家計にも当てはめて考えます。

家計の「資産」には現金や預金といった現預金だけでなく、保険・株式・投資信託・住

宅など、換金できるものもあります。現預金以外の資産は、今現金化したらいくらか、時価で計算しましょう。保険なら、現時点で解約した場合の解約返戻金相当額を計算します。これらをすべて合計した金額が「資産合計」です。

それに対し、**住宅ローンや自動車ローン、カードローンといったローンや奨学金の残額などは、今後支払う必要のある「負債」です。**その時点での残額はいくらか確認し、「負債合計」に書きましょう。

そして、資産合計から負債合計を引いた金額が家計の「純資産」です。純資産は、文字どおり純粋な資産です。純資産の割合が多いほど、家計は安定します。お金を貯め、増やすためには、純資産が増えていることが大切です。

たとえば、いくら現金や預金が多くても、その分負債が多ければ純資産は少なくなります。仮に、純資産がマイナスになっていたとしたら債務超過、つまり家計の中に残るお金がどんどん少なくなっている状態ですので、危険です。

このように、前項で紹介した**家計簿とバランスシートの2つをつけることにより、自分の家計の改善点が明らかになります。**たとえば、貯金はできているけれど、借金が多いので純資産は少ない、親から不動産を相続したので純資産は多いけど、毎月の貯金は減っているといった具合です。

純資産を多くするには、資産を増やすか負債を減らすかしかありません。ただし、借金を減らす場合、現預金を使って返済することが多いので、資産も減ってしまい、実際にはあまり改善されないことも多いもの。できるだけ、貯蓄や資産運用で資産を増やす努力が必要です。また、日々の節約をして、目の前のお金を把握することもとても大切。必要以上に豪華な住宅を購入しない、ブランド物を買いすぎないなど、支出の無駄を省いていきましょう。

5 minutes action
今すぐできる、5分アクション

毎日少しずつバランスシートをつくり、自分の純資産を確認しよう

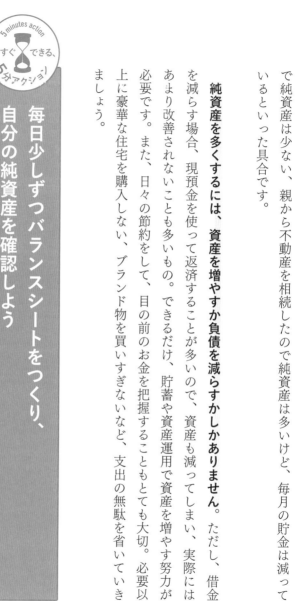

バランスシート

資産	
現金	万円
普通預金 など	万円
定期性預金	万円
貯蓄型の保険	万円
株式	万円
債券	万円
投資信託	万円
その他の 投資商品	万円
住宅 （現在の市場価格）	万円
その他	万円
資産合計①	万円

負債	
住宅ローン	万円
自動車ローン	万円
カードローン	万円
奨学金	万円
その他	万円
負債合計②	万円

資産合計① − 負債合計② ＝

純資産	**万円**

一度に書かなくても大丈夫！少しずつ埋めてみよう。

Get rich with just 5 minutes per day

DAY 11

お金の使い方を見直すポイントは？

まずは毎月決まって出ていく「固定費」を見直すべし

節約するときに気をつけてほしいのが、やみくもに節約しないことです。たしかに、どんな費用であっても節約できればいいのですが、中には労力のわりに節約効果が小さいものもあります。また、**節約はダイエットと似ていて、あまり頑張りすぎても長続きしません**し、そのうち反動がやってくることもあります。

実際、「一生懸命節約しているのに、なかなかお金が貯まらない」という人に、どんな節約をしているのかを聞いてみると、「スーパーの特売をチェックしている」「使わない電気は極力消している」といった答えが返ってきます。それでいながら、「せめて旅行だけ

節約を正しい順序で行うための3つのポイント

1	金額が大きい	>	金額が小さい
2	効果が持続する	>	効果が持続しない
3	我慢が不要	>	我慢が必要

固定費とは？	毎月の支払額が決まっているもの。 一度見直せば節約効果がずっと続く
変動費とは？	やりくり次第で支払額が変わるもの。 我慢すれば即効性はあるが長続きはしない

節約は３つのポイントで見直す！

は贅沢にしたい」「バッグにはこだわりたい」といった具合に、節約の考えがなくなっている様子がうかがえるのです。もちろん、日々の細かな節約も大切ですが、これではお金は貯まっていきません。

そこで**おすすめしたいのが、優先順位をつけて節約することです。**

具体的には、

①固定費の節約
②無駄遣いの節約
③変動費の節約
④時間の節約

の順番で進めていきます。

家計を見直し、節約するときにまずやるべきは「固定費」の削減です。

固定費とは、収入の増減に関係なく、毎月あるいは毎年、一定額かかる費用のこと。家計でいえば、月々の家賃、住宅や車のローン、習い事、水道光熱費、スマホやインターネットの使用量（通信費）、生命保険料、新聞購読料、ＮＨＫの受信料、クレジットカードの年会費などがあります。

固定費は、まとまった金額を減らせる可能性が高い費用です。そのうえ、一度見直してしまえば、その後は**節約効果が持続しますし、我慢も不要です**。がんばって日々の食費を１００円減らすよりもはるかに効果的です。

5 minutes action
今すぐできる、5分アクション

固定費に何があるか、いくら支払っているかを確認しよう

Get rich with
just 5 minutes per day

DAY 12

固定費を下げるポイントを教えてください

住宅関連、スマホ、保険の順番に見直しましょう

それでは具体的に、固定費を見直してみましょう。大きく減らすために、住宅関連、スマホ、保険の順番で検討することをおすすめしています。

賃貸住宅の家賃の見直し

家計の理想の住居費の割合は、手取り金額の20～25％です。首都圏は家賃の相場が高いので、30％程度までは許容できますが、それ以上になると確実に生活を圧迫します。

安い部屋への引っ越しを検討しましょう。新居の敷金や礼金、引っ越し費用などはかかりますが、たとえば30万円かかっても、毎月の家賃が1万円削減できれば2年半ほどで回収でき、年12万円多く貯められるようになります。
最近では都心を中心に「3畳ワンルーム」やシェアハウスなども増えています。家賃を抑える手段は昔と比べて多いといえます。

住宅ローンの見直し

住宅ローン返済中の方は、借り換えを検討しましょう。借り換えとは、新しくより金利の低い住宅ローンを組んで、現在の住宅ローンを一括で返済することです。こうすることで、金利が安くできます。

借り換えでメリットが出る条件は「ローンの残り返済期間が10年以上」「ローン残高が1000万円以上」「現在の金利と借り換え後の金利差が0・3%以上」の3つが揃ったときです。諸費用（登記費用や保険料など、住宅購入代金以外の費用）が安い金融機関が増えているため、金利差0・3%程度でも積極的に検討しましょう。

水道光熱費の見直し

注目は電気代。電気代の基本料金は、契約アンペア数で決まります。契約アンペア数が大きいほど一度にたくさんの電気が使えますが、その分基本料金も高くなる仕組みです。契約アンペア数を下げることで、基本料金を下げることができます。ただし、無理に下げすぎると、ちょっとしたことでブレーカーが落ちるので、家電製品の利用状況との兼ね合いを考えたうえで下げるようにしてください。

また、今や電気はさまざまな会社から選んで購入できます。ガスやスマホなどとセットで契約すると割引になるセット割引やポイント付与などのサービスも展開しています。ライフスタイルによってお得度が違ってくるので、**「でんき家計簿」や「エネチェンジ」などの電気料金比較サイトを利用して確認しましょう。**

スマホ代の見直し

ここ数十年の家計の中で、もっとも上昇率の高い費目は通信費、とくにスマホ・電話代でしょう。大手三大キャリアを利用すると、それだけで1人毎月1万円、家族なら数万円かかってしまうことも珍しくありません。

格安SIMを利用すると、大手キャリアと同等の通話・データ通信を月2000円程度で利用できます。これだけで月数千円、年数万円の節約になります。かつてはスマホの乗り換え時に必要だった9500円の違約金も1000円になっていますので、乗り換えもしやすくなっています。

ただし、料金プランが旧プランのままだと9500円の違約金がかかる場合がありますので、新プランに変更してから「他社への乗り換え」や「解約」を行うようにしましょう。

保険料の見直し

保険料の見直しのポイントは**「今ないと困る保険の内容・金額」**を考えること。不測の事態があった場合に困らないようにするために、いつまで、どんな保障が必要なのかを考え、過不足なく加入します。保険は満期時にお金がいくらか戻ってくる**「貯蓄型」より、安く保障が手に入る「掛け捨て型」のほうが、結果として保険料を抑えられます。**

また、保障の重複にも気をつけましょう。たとえば、住宅ローンを借りるときには団体信用生命保険（団信）に加入するため、死亡保険の必要性は少なくなります。団信では、契約者に万が一のことがあったときに、住宅ローンが完済できるので、家族は引き続き家に住めますし、住宅ローンの支払いもなくなります。

5 minutes action
今すぐできる、5分アクション

まず住宅関連から、安くできる固定費がないか検討しよう

Get rich with
just 5 minutes per day

DAY 13

「いつの間にかお金がなくなっている問題」はどうしたらいいですか？

使途不明金には要注意。「欲しい」ではなく「必要」であるかを考えよう

外食が少ない、旅行にも行っていない、洋服をたくさん買っているわけでもないのに、お金が貯まらないという方はいませんか？　**「何にお金を使ったかわからない」という方はかなりヤバイ状況**です。

何に使ったかわからないお金を**使途不明金**といいます。お金を支払ったときにはもちろん、そのお金を何に使ったかを覚えているでしょうが、時間がたてばたつほど曖昧になり、忘れてしまいます。そうした使途不明金が多いほど、お金は貯まりにくくなります。

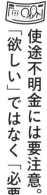

使途不明金になりがちな費用として、**ラテマネー**が知られています。ラテマネーとは、毎日何げなく使ってしまうちょっとしたお金のこと。ラテマネーは、1回だけならば大したことなくても、数が増えればまとまった金額になってしまいます。たとえば、毎朝コーヒーショップで300円のラテを買っていたとしたら、1カ月でおよそ9000円、1年では11万円近い金額になるのです。

コーヒーが飲みたいなら、コンビニの100円コーヒーにすれば単純計算で支出は3分の1になります。また、自宅で入れて持参すれば数十円程度ですみます。このような支出を抑える仕組みづくりが大切なのです。

その他にも、次のような支出をしていたら要注意です。

Amazonの「関連商品」

Amazonなどのネットショッピングサイトでは、買い物や検索の履歴をもとにした**「関連商品」**や**「おすすめ商品」**が表示されます。たしかに気になるかもしれませんが、必要ないのに買ってしまっては無駄遣いです。

嗜好品

お酒、**タバコ**、**コーヒー**などがあることで仕事がはかどる、生活が豊かになるというのであればいいのですが、度を過ぎると出費が増えますし、何より健康を害します。ほどほどにすべきでしょう。

銀行の手数料やクレジットカードの年会費

銀行のATMの時間外手数料や**クレジットカードの年会費**などは少額ですが、積み重なると大きな金額になってしまいます。現金は月1回まとめて引き出す、年会費のかかるクレジットカードは解約するなど、対策しましょう。

コンビニのちょこちょこ買い

コンビニや**ドラッグストア**に用もないのに寄るのはNG。余計なものを買いがちです。必要な時だけ行くように心がけましょう。

使途不明金やラテマネー、無駄な支出の特定には、DAY09で紹介した家計簿が有効です。レシートをきちんと管理し、出費を記録して、家計の使途不明金を少しでも減らしていきましょう。また、使途不明金を減らすだけでなく、余計なものは買わない、メリハリをつけた支出をすることも大切。せっかく固定費を削減しても、それで買い物をしているようでは本末転倒です。**自分軸を持って「買う必要がある」ものを見極めましょう。**

5 minutes action
今すぐできる、5分アクション

この1カ月で買う必要がないのに つい買ってしまったものを書き出してみよう

DAY 14

節約好きな人ほど陥りやすい「おトクの罠」とは？

お金を使わせようとする「罠」にご用心。価格に見合った価値があるかをよく考えて！

人は誰しも、少しでも得したい・損したくないと考えています。ですから、日々の買い物でも、なるべくお金を節約してお得になるようにしている、はずです。しかし、そのことはお店の側もよくわかっています。お店は少しでもお金を使ってほしいと考えていますから、あの手この手でお客さんにお金を使ってもらおうとしています。その中には、節約好きの人ほど損をしてしまう**「おトクの罠」**もあるのです。ここでは、そうした罠をいくつかご紹介します。

半額セールの罠

年末年始や夏冬のバーゲンなどにある王道の罠が**「半額セール」**です。「2万円の財布が半額セールで1万円！」などとなっていれば、これは安いと思うはずです。その1万円になった財布と、定価1万円の財布なら、1万円になった財布を買う人のほうが多いでしょう。

しかし、もしこの財布がはじめから1万円で売られていたとしたら、そもそもこの財布を買ったでしょうか。よほどの理由がない限りは、買わないのではないかと思います。つまり、**本当に必要かではなく、「半額になっている！」というお得感だけで買ってしまう罠**なのです。

3品で10％オフの罠

「3品買うと10％オフ」「2品買うと2品目が30％オフ」など数字はさまざまですが、こうした割引もよくあります。たしかに、1品だけ買うのがなんだか割高のように感じられます。しかし、これも罠です。**本来、1品だけでいいはずの商品を2品、3品と買うのは無駄**ですね。お店側からすれば、多少割引してでも一気に2品、3品と品物が売れるのですから大助かりです。

送料無料・駐車料金無料の罠

ネットショッピングで、「5000円以上買うと送料無料」となっていることがあります。送料無料にしたいからと、なんとか5000円に達するように商品を追加した経験のある方もいるのではないでしょうか。しかし、そこまでして**商品を追加するより、送料を払ったほうが出ていくお金は少なくなる**ものです。同様の罠に駐車料金もあります。数百円をケチって数千円を損する結果になりかねません。

食品のまとめ買いの罠

肉や魚などを大容量のパックで買うと、小分けにしたパックよりも多少割安になります。しかし割安だからといって買っても、食べきれずにダメにしたり、**たくさんあるからと普段作らないような料理で大量に消費したりすれば、逆に損する**ことになってしまいます。

ポイントの罠

買い物をしたときにもらえるポイント。お金のように使えるのでお得ですし、ぜひ活用すべきなのですが、**ポイント欲しさに買い物をするのは本末転倒**です。以前、コンビニのポイントを貯めたいからと、日用品をいつもコンビニで買っていた人がいました。ポイントはたしかに貯まるかもしれませんが、これでは割高な商品代を払っていることになります。

これらの罠にかからないようにするには、買い物のときに、本当に価格に見合った価値があるのかをよく考えることが重要です。見かけの価格に惑わされないよう、注意しましょう。

5 minutes action
今すぐできる、5分アクション

この1年でお得の罠にかかって買ったものを列挙しよう

Get rich with just 5 minutes per day

DAY 15

節約しているのですが、さらに削るポイントはありますか？

変動費だってまだまだ削れます！できることから少しずつ見直していきましょう

節約の基本は固定費を削ることですが、変動費が削れないわけではありません。変動費は、使った分に応じて出ていく費用です。具体的には、食費・日用品費・被服費・教育費・娯楽費・水道光熱費・交際費・医療費などがあります。

変動費の削減は、固定費ほどの効果は出にくいものの、やりくりができないわけではありません。なお、**変動費には、減らさないほうがいいものもあります。**たとえば、教育・教養の費用などの「**自己投資**」をなくすと、スキルアップもできなくなってしまいます。なんでも無闇に減らせばいいというわけではないので、ご注意ください。

節約テクニック集

費目	節約テクニック	削減金額の目安（年）
食費 日用品費 被服費	外食を月１回減らす	1回2,000円×12回＝2万4,000円
	スタバやドトールのコーヒーを減らす（飲み物はマイボトルで持参）	1回500円×週2回×52週＝5万2,000円
	食材にPB（プライベートブランド）の商品を選ぶ	50円安い商品を週3品×52週＝7,800円
	レシートやアプリについてくるクーポンを使って割引を受ける	30円安い商品を週3品×52週＝4,680円
	特定の日に割引が受けられるクレジットカードで買い物する	例：イオンカード（20日・30日に5%引き） 月2回×5,000円×5%＝年6,000円
	ふるさと納税で食品や日用品をもらう	納税額で異なる（例：給与収入400万円単身の場合、年1万3,000円相当の返礼品が2,000円負担で手に入る）
水道光熱費 （従量部分）	シャワーヘッドを節水シャワーヘッドに取り替える	5,000円～1万円
	蛇口に節水コマを取り付ける	1万円程度
	使っていない電化製品のプラグを抜く（待機電力をなくす）	年228kWh×27円＝6,156円
交通費	車のガソリンを提携カードで入れる	1回2円引き×50リットル×月3回×12カ月＝3,600円
	電車の１日乗車券を利用する	月1回2,000円分を600円で利用 1,400円×12カ月＝1万6,800円
	飛行機のチケットは早割で予約購入（最大88%引き・JALの場合）	東京ー札幌間（往復）。 日により違うが約3～5万円安い
医療費	調剤薬局におくすり手帳を持っていく	1回40円引き×年20回＝800円
	医薬品をジェネリック医薬品に変える	薬の種類や量により異なる（【例】高血圧の薬：年1万2,724円→2,935円＝9,789円の節約）
その他	NHKの受信料をまとめて支払う	衛星契約：2カ月払いを12カ月前払いに変更 1,990円安くなる
	日本経済新聞を無料で読む（楽天証券の口座開設で可能）	1カ月4,900円（税込）×12カ月＝5万8,800円

日常でできる、節約テクニック！

前のページに節約のテクニック集を一覧で記載しました。これからとくに押さえておきたいポイントを説明していきます。

食費・日用品費・被服費

変動費でもっとも削りやすいのは食費ですが、食べたいものを我慢する節約は長続きしませんし、何より身体によくありません。たとえば、**外食を月1回減らす、ちょっとだけ安い商品を選ぶ**など、無理なくカットしましょう。

特定の割引日にクレジットカードを使ったり、ふるさと納税で食品や日用品をもらったりすることでも、節約につながります。

また、洋服、おもちゃ、化粧品はメルカリなどの**フリマアプリで安く手に入ります**。とくに子ども服など、一時期しか着ないものを買うのに使えます。

水道光熱費（従量部分）

水道光熱費の基本料金は固定費ですが、使った分だけかかる部分（従量部分）は変動費です。たとえば、お風呂のシャワーヘッドを**節水シャワーヘッドに変えるだけで、使う水**

の量を減らせます。家族の人数やシャワーの利用頻度などによって異なりますが、年5000～1万円程度の節約が見込めます。節水シャワーヘッドはホームセンターなどで2000円程度から売っています。同様に、蛇口に節水コマを取りつけるのも効果大。水道内部にあるコマという部品を、この節水コマに取り換えるだけで、出る水の量をセーブしてくれます。

また、プラグを差し込んでいるだけで電力を消費する「待機電力」も積み重なると大きいですね。普段から、使わない電化製品のプラグは抜きましょう。

交通費

車・電車・飛行機など、**交通機関には割引がいっぱいあります。**地方在住の方であれば、車が手放せないということも多いでしょう。ガソリン代の割引は1回あたりでみると少額ですが、積み重なるほど差がつくので、なるべく安い方法で給油しましょう。普段使いのガソリンスタンドを決めておくといいですね。

また、飛行機は早割がとてもお得。旅行の予定などは、前もって決めましょう。

医療費

おくすり手帳を持って薬局に行くと、1回あたり40円安くなります。最近はスマホアプリのおくすり手帳もあるので、用意しておけば楽に割引が受けられます。また、薬をジェネリック医薬品に変えることでも節約ができます。

その他

NHKの受信料はまとめ払いがお得です。年1990円安くできます。また、楽天証券の口座開設（無料）をすれば、スマホで日本経済新聞が無料で読めるようになります。単純計算ですが、これだけで年6万円近く浮きます。

支出を減らして浮いたお金は、無駄遣いするのではなく、貯蓄や投資などに利用して、さらにお金を貯める・増やすことができるようにしていきましょう。

変動費の削減には、キャッシュレス決済も役立ちます。現金を使わずに、電子マネー・クレジットカード・スマホ決済などで支払うことで、現金では得られないポイントが手に入ります。これを次回の買い物の際に利用すれば、より安く買い物ができるため、結果として出費が抑えられる、というわけです。**ポイントは今や「第三のお金」ともいえる存在。**きちんともらって活用することで節約に役立てることができます。また、条件を満たせば、キャッシュレス決済を利用することで割引が受けられることもあります。これからの時代、出費を減らすには、**キャッシュレス決済を上手に活用するスキル**が欠かせません。

キャッシュレス決済については、LESSON4で改めて詳しく解説するので、ぜひ使いこなしてください。

5 minutes action
今すぐできる、5分アクション

どれかひとつ、変動費の削減を実践してみよう

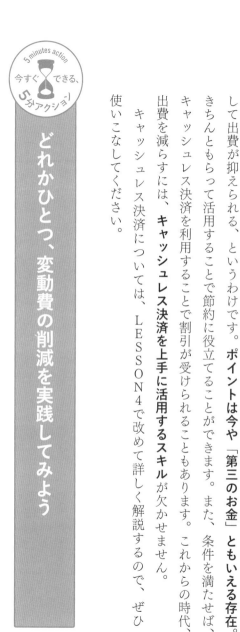

Get rich with just 5 minutes per day

DAY 16

衝動買いがやめられません……

あなたは買い物ではなく、ストレス解消がしたいだけなのかもしれません

買うつもりはなかったのに、ついつい買ってしまった……。そんな衝動買いの経験、誰にでも一度や二度はあるでしょう。もちろん、思ってもいなかった商品に出合えて、買って本当によかったという衝動買いもあるかもしれません。しかし**大半の場合、衝動買いはよくないお金の使い方**です。

衝動買いがやめられない人はたくさんいます。これまでに相談に来た方の中には、月収40万円のうち10万円が衝動買いで消えてしまうという方もいました。その方の職業は看護師だったのですが、仕事柄、残業や夜勤もあり仕事がハード。終末医療に関わるようになったことで、**ストレスから衝動買いをしてしまう**とのことでした。

また、買い物に行ったときに「友達が買ったから自分も買っちゃおうかな」と見栄を張って一緒に買ったり、英会話やヨガなどを習いはじめたと聞いたら「よさそうだから始めようかな」と**つられて始めたりするのも衝動買いの一種**です。

すでにお話ししたとおり、予算内で自分のためにお金を使うことは悪いことではありません。それが本当に必要だと思うなら、買ったほうがいいでしょう。しかし、ストレス発散のために買ったり、周りの人に流されて買ったりしたものは、みなさんにとって必要なものではないでしょう。家の押し入れやクローゼットなどに、買ったけど使っていないものは眠っていませんか。もし、そういったものがあったら、自分にとって必要なものの判断がまだ甘いかもしれません。

ストレス発散の方法は人それぞれですが、お金を使わずにできる趣味を持つのがひとつの手です。

おすすめは運動。近所の散歩でもジョギングでもいいですし、あるいはストレッチや筋トレなど、屋内でできるものでもいいでしょう。最近はＹｏｕＴｕｂｅで「10分間エクササイズ」といった気軽に場所を選ばずできる「ダンス」「筋トレ」「ストレッチ」などの動画もたくさんあります。フットサル、バスケ、テニスなどもいいでしょう。スポーツ用品など初期コストはかかるものの、一式揃えておけばその後は支出を抑えることができます。

お金持ちはよく体を鍛えています。なぜなら、健康が大切だと知っているからです。そのうえ、運動をすると仕事に活力も生まれますし、お金をかけずにストレス解消ができます。運動をすることで無駄な出費を抑えられ、お金が貯まりやすい体質になれるでしょう。また、週末の予定を考えたり、図書館で本を借りて読んだりするなど、自分の経験が広がることをするのもおすすめです。逆に、何もしない時間をつくるというのもありかもしれません。自分のストレスを知って、うまく逃がす方法をいくつかつくっておきましょう。

また、**お金が貯まっている人の家にあるものは、本当にシンプル**です。人に流されない自分の軸をもって、欲しいもの・必要なものだけを集めています。ですから、買う前に一度立ち止まって「本当に必要か」「みんなが持っているから欲しいだけではないか」ということを考えましょう。そうすれば、衝動買いをグッと抑えることができるでしょう。

これまで衝動買いでストレスを発散してきた人、人に流されるままお金を使ってきた人には、はじめは難しいことかもしれません。しかし、**衝動買いをしなくなると、本当に必要なものにお金を使うことができるようになる**ため、生活の満足度も上がりますし、やがてストレスも減ってくるでしょう。

5 minutes action
今すぐできる、5分アクション

ものが欲しくなったときに実行する、ストレス解消法を今考えよう

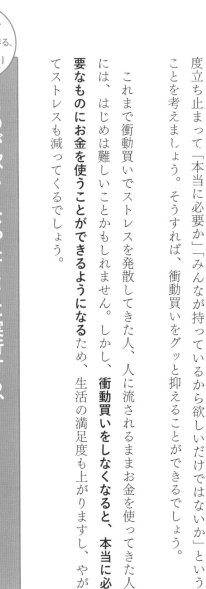

Get rich with
just 5 minutes per day

DAY 17

メリハリのあるお金の使い方をするには？

お金の価値基準を明確に持って、無駄遣いしない仕組みをつくりましょう

お金を上手に使うためには、お金を価値のあるものやサービスにはしっかり使い、価値のないものやサービスには使わないということを心がけること。メリハリをつけたお金の使い方ができるかどうかが重要です。

お金持ちは、基本的にケチです。でも、お金の使い方をわきまえています。

爪に火をともすように、すべての出費を切り詰めているようなお金持ちはあまりいません。お金持ちはたとえば、親しい人の誕生日やお祝い事があれば、惜しまずにプレゼント

をします。飲み会があれば、パーっとおごるということもあります。**お金を使うことで、大切な人に喜んでもらいたい、幸せにしたいという発想があるのです。**

もっとも、だからといって際限なくお金を使うわけではありません。毎月、あるいは年間の予算を決めて、「価値がある」と思ったものにはお金を使い、それ以外のところでは切り詰めます。これが、メリハリをつけたお金の使い方につながっていきます。

価値のある・なしは人によって違います。自分にとっては価値がないものでも、誰かにとっては価値があるものかもしれません。お金を上手に使うことができるようになるには、自分なりの価値基準を持つ必要があります。そして、無駄遣いをしない仕組みをつくっておくことが大切です。

たとえば、それなりに高年収なのに貯蓄がぜんぜんできていない方が相談に来たことがありました。どうしてなのか、家計を分析したところ、**日常の消費がすべてワンランク上になっていた**ことがわかったのです。日々の買い物は一般的なスーパーではなく高級スーパー、洋服は量販店ではなくセレクトショップ、コーヒーも100円コーヒーではなく数百円するラテといった具合でした。こうした場合、こだわりたいポイントを絞ってそこだけはこだわって、残りは安くすませることでメリハリのついたお金の使い方になります。

自己投資と称して自分にかけているお金にも注意が必要です。自分磨きのために美容費をかけすぎていたり、「コミュニケーションも大事だから」といって飲み会にばかり参加していたりしていませんか。読もうと思って買った本が、読まずにそのまま積んであったりしませんか。自己投資はスキルアップのために大切ですが、自己「投資」である以上、**ちゃんと自分にリターンがあるのか、リターンがいつ得られるのかを考えるべき**でしょう。リターンがなければ、せっかくの投資も「浪費」になってしまいます。

また、日々の忙しさにかまけて、無駄なお金を払っていないかも要注意。コンビニは便利ですが、どうしても割高になりがちです。「帰り道にあって誘惑に勝てない……」という方は、少し遠回りでも帰り道を変えれば、運動もできて一石二鳥です。

部屋や冷蔵庫の掃除をきちんとすることも、無駄遣いをなくすために有効です。たとえば、日用品のストックがまだあるのに買ってきてしまったこと、ありませんか。これを防ぐには、今何がどのくらいあるのかがわかるようにする必要があります。冷蔵庫も同様です。食材や調味料などがどれくらいあるのかわからないと、余計に買ってしまう原因になってしまいます。

メリハリのついたお金の使い方をするためにも、よく見直してください。

5 minutes action
今すぐできる、5分アクション

「これだけはお金をかける」という、こだわりポイントをひとつ探そう

Get rich with
just 5 minutes
per day

LESSON 3

大切なお金を1円でも賢く納める

Get rich with
just 5 minutes per day

DAY 18

税金を払うメリットってなんですか？

暮らしに必要なサービスを受けるための「会費」だと考えよう

勤労の義務、教育を受けさせる義務、そして納税の義務。税金を納めることは、日本国憲法に定められた「国民の三大義務」のひとつです。

税金は、みなさんの生活を支えるためのお金です。公共サービスのためのお金といってもいいでしょう。税金は、暮らしの安全を守る警察・消防の活動や、生活を向上させる道路・水道の整備、さらには教育・年金・医療・福祉などのサービスのためのお金として利用されています。たとえば、犯罪が発生したときは１１０番、人が倒れたときは１１９番に電話すれば、無料で警察官や救急車が駆けつけてくれます。ごみ収集所にごみを出せ

社会保険で受けられる主な給付金

医療保険	療養の給付・高額療養費・疾病手当金・出産育児一時金・出産手当金・埋葬料
介護保険	予防給付・介護給付
労災保険	休業補償給付・療養補償給付・遺族補償年金・疾病補償年金・障害補償給付・介護補償給付・葬祭料
雇用保険	基本給付（いわゆる失業保険）・就職促進給付・教育訓練給付・雇用継続給付
年金保険	老齢基礎年金・老齢厚生年金・障害基礎年金・障害厚生年金・遺族年金・寡婦年金・死亡一時金・中高齢寡婦加算

税金を払っているおかげで
これだけのサービスが受けられます！

ば、基本的に無料で回収してくれます。これらの費用は、税金でまかなわれています。

また、公的な保険、社会保険の保険料（社会保険料）も税金の一種です。社会保険には、**医療保険**、**介護保険**、**労災保険**、**雇用保険**、**年金保険**の5つがあります。人によって、加入している保険の種類が異なります。

社会保険も税金と同じく、みんなでお金を出し合ってもしもに備えるものです。たとえば、病院に保険証を出せば1万円の医療費も3000円ですみます。また、老後に年金が受け取れるのも、現役世代が支えてくれているおかげです。その他にも、さまざまな事態で生活が厳しくなったときに受け取れる給付金もあります。詳しくはLESSON5で改めて紹介します。

税金や社会保険料を支払うことで、このような公的なサービスを受けることができるのです。税金や社会保険料は、社会から守られるために必要な会費のようなものといえます。

5 minutes action
今すぐできる、5分アクション

「社会保険で受けられる主な給付金」の表をもう一度見直そう

DAY 19

なんの税金をどのくらい払っているかわかりません

給与の約4割は税金・社会保険料。普段の生活の中でもさまざまな税金を支払っています

平均的なサラリーマンが一生働いてもらえる給与の額（生涯賃金・退職金を含めない）は、大卒の男性が約2・7億円、大卒の女性が約2・2億円（独立行政法人労働政策研究・研修機構「ユースフル労働統計2019」）です。

この金額は総支給額、つまり額面の金額です。では、ここから税金や社会保険料を、どのくらい支払っていると思いますか。

正解は、大まかにいって「**約4割**」です。つまり、**男性の場合約1・1億円、女性の場合**

日々支払っている主な税金・税率

		直接税	間接税
国税		所得税、法人税、相続税、贈与税など	消費税、酒税、たばこ税、関税など
地方税	道府県税	道府県民税、事業税、自動車税など	地方消費税、たばこ税、ゴルフ場利用税など
	市町村税	市町村民税、固定資産税、軽自動車税など	たばこ税、入湯税など

主な税金・社会保険料の税率・料率

所得税＝5～45%　住民税＝10%　厚生年金＝9.15%
雇用保険＝0.3～0.4%　健康保険＝4.985～5.88%（協会けんぽ）

※厚生年金と健康保険は労使折半の数値を記載

気づかぬうちに、さまざまな税金を払っています。

約0・9億円もの税金・社会保険料を支払っているのです。言い換えれば、実際に使えるお金は男性約1・6億円、女性約1・3億円となります。

毎月の給与から引かれている「税金」には所得税や住民税、「社会保険料」には健康保険、介護保険、厚生年金、国民年金、雇用保険などがあります。いくら引かれているかは、毎月の給与明細に記載されています。普段総額しか興味がないという方はとくに、これを機にチェックしましょう。

一般的な給与明細には、勤怠・支給・控除の3つの欄があります。

「勤怠」の欄には労働時間や出勤日数、残業時間や休日出勤などの時間が書いてあり、

1カ月間の勤務状況がわかります。

「支給」の欄には基本給をはじめ、資格手当、通勤手当、残業代などが記されています。これらを合計した「総支給額」が、毎月支払われる額面の金額です。

とはいえ、**この総支給額がそのまま銀行に振り込まれるわけではありません。「控除」の欄にある健康保険や厚生年金、所得税や住民税などが、総支給額から引かれます。**その答え（差引支給額）が手取り額です。

みなさんが支払っている税金はこれだけではありません。買い物をすると消費税が10％（食料品などは8％）かかります。その他にも酒税、ガソリン税、たばこ税、自動車税、自動車重量税、固定資産税、相続税、贈与税、ゴルフ場利用税、入湯税などなど……実に多くの税金を払っているのです。

5 minutes action
今すぐできる、5分アクション

給与明細を見直して、総支給額から引かれる「総控除額」がいくらか確認しよう

Get rich with
just 5 minutes per day

DAY 20

源泉徴収票ではなにがわかるのですか？

4つの数字を見るだけで、自分がどれだけ税金を支払っているかがわかります

そもそも、みなさんは1年間にどのくらいの税金を納めているのでしょうか。それを簡単にチェックできる書類が「**源泉徴収票**」です。源泉徴収票は、毎年年末になると会社からもらえます。もしかして、よく見ずに捨てていませんか？ **税金を取り戻すための第一歩となる書類ですので、どんなことが書いてあるのか、必ず確認しましょう。**

年末が近づくと、会社では、1年間の給与やすでに納めた税金を計算し、納めるべき税金を確定させる「年末調整」という手続きを行います。源泉徴収票には、この年末調整の結果わかった、1年間に納めた所得税の金額が書かれています。

源泉徴収票の見本

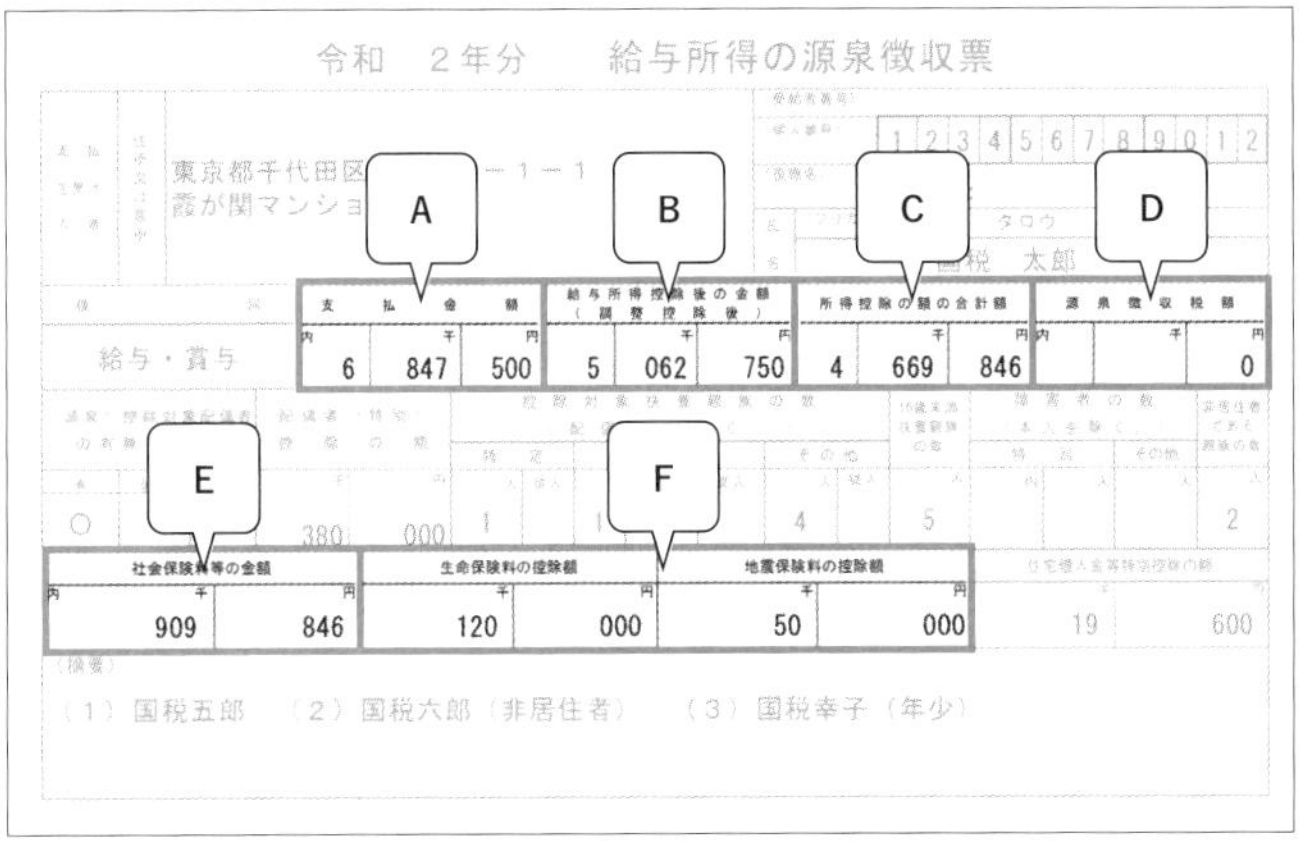

A	**支払金額**	1年間に稼いだお金の総額。手取りではなく、税金や社会保険料などが差し引かれる前の年収額が記載されています。非課税の通勤費などは含まれていません
B	**給与所得控除後の金額**	年収に応じて一定割合で決まっている給与所得控除額をAから引いた金額
C	**所得控除の額の合計額**	1年間で支払った社会保険料 E のほか、年末調整で申請した配偶者控除、扶養控除、生命保険料控除 F、すべての納税者が無条件で差し引くことができる基礎控除など控除される金額の合計が記されています
D	**源泉徴収税額**	BからCを差し引いた金額（課税所得）に所得税率を掛けて計算した金額が記されています。最終的に負担した所得税の総額になります
E	**社会保険料等の金額**	会社で天引きされた健康保険、介護保険（40歳以上 65歳未満の医療保険加入者が加入する）、厚生年金、雇用保険といった1年間の保険料の合計額が記されています
F	**生命保険料の控除額**	1年間支払ってきた所得税額の調整を行う「年末調整」で申告した個人加入分の生命保険・地震保険の控除合計が記されています。保険の加入年度や種類によって、控除額は変わります

源泉徴収票からいろいろなことがわかります。必ず確認しましょう。

とくに大事なのは、上のほうにある4つの数字です。

（A）**支払金額**は、1年間に支払われた税込の給与のこと。いわゆる年収総額です。

（B）**給与所得控除後の金額**は、支払金額から、給与所得者の経費にあたる給与所得控除が差し引かれた金額です。

（C）**所得控除の額の合計額**は、15種類ある所得控除（詳しくはDAY24）の合計額です。

（D）**源泉徴収税額**は、会社が給与から差し引いて支払った所得税です。計算の結果、税金を払い過ぎていたらその分が還付されます。よく「12月は少し給与が多め」などといわれるのは、給与にこの年末調整の還付金がプラスされているからです。逆にもし税金が不足していたら追加で納付する必要があります。

なお、正確な手取り年収が知りたい場合は、さらに住民税の金額をチェックします。源泉徴収票には住民税が記載されていないので、毎年6月ごろに届く住民税決定通知書で確認しましょう。課税所得は

（B）給与所得控除の金額－（C）所得控除の額の合計額

をすることで計算することができます。

「支払金額」－「源泉徴収税額」－「社会保険料等の金額」－「年間に納めた住民税額」＝手取り年収

となります。

今すぐできる、5分アクション
5 minutes action

給与明細などから、12月と他の月の給与がどのくらい違うかを確認しよう

Get rich with
just 5 minutes per day

DAY 21

税金の額はどうやって決まるの？

税金の額は「課税所得」を基準にして決まる。給与から差し引く「控除」が節税の鍵

給与から引かれる税金には大きく分けて「**所得税**」と「**住民税**」の2つがあります。所得税は毎年の個人の所得に応じて国に納める税金、住民税はお住まいの都道府県や市区町村に納める税金です。この税金の額は、左ページの図のように計算されます。

所得税は、1月1日から12月31日までの暦年の所得に対して課税されます。といっても、1年間の収入の金額から、そのまま所得税の額を計算するわけではありません。

簡単に説明すると、まず、収入から「**その収入を得るために使った費用**」などを差し引

所得税の計算方法

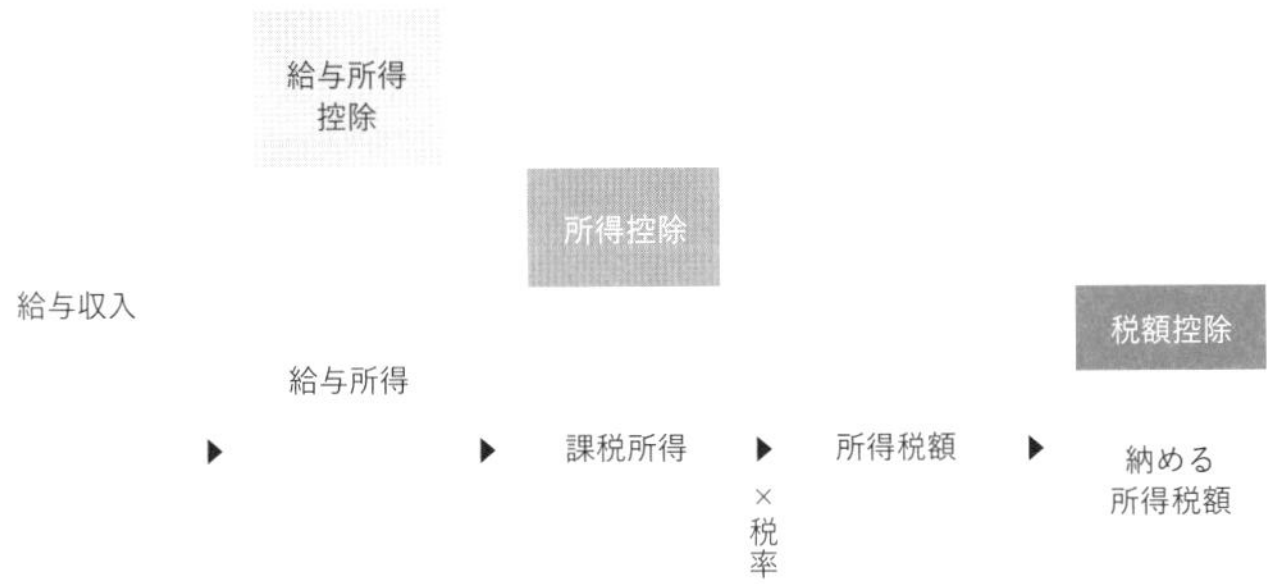

「控除」が節税の大きなポイント！

いて「**所得金額**」を計算します。次に、その人や家族の状況、あるいは災害や病気などを考慮した「**所得控除**」を引いて、「**課税所得金額**」を求めます。この課税所得金額に所得税率を掛けて、所得税が求められるのです。具体的には次ページの表の課税所得に税率をかけ、控除額を引いた金額が年間の税額となります。

課税所得が400万円の場合は、

> 400万円×20％－42万7500円＝
> 37万2500円

となります。所得税は、給与から毎月概

所得税と住民税の税率

所得税の税率

課税される所得金額	税率	控除額
195万円以下	5%	0円
195万円を超え 330万円以下	10%	9万7,500円
330万円を超え 695万円以下	20%	42万7,500円
695万円を超え 900万円以下	23%	63万6,000円
900万円を超え 1,800万円以下	33%	153万6,000円
1,800万円を超え 4,000万円以下	40%	279万6,000円
4,000万円超	45%	479万6,000円

住民税の税率

	都道府県	市区町村	合計
所得割	4%	6%	10%
所得割（政令指定都市）	2%	8%	10%
均等割	1,500円	3,500円	5,000円

自分がどこに当てはまるか、確認しよう。

算の金額が引かれ、年末調整で正しい金額に調整されます。

なお、実際に納める所得税額は、所得税額からさらに「税額控除」を差し引いた金額になります。

住民税には、都道府県に納める「**都道府県民税**」と市区町村に納める「**市区町村民税**」の2つがあります。またそれぞれ、前年の所得を基準にした「**所得割**」と課税対象者が同じ金額を負担する「**均等割**」の2つに分かれています。

表のとおり所得割は所得にかかわらず課税所得の10%、均等割は合計5000円となっていることがほとんどです。お住まいの自治体によって若干異なる場合もあります。

なお、住民税は「前年の所得」をもとにして支払うため、前年の所得がない社会人1年目の方はかかりません。

ここで再度確認しておきたいのが、**所得税や住民税は「給与」ではなく「課税所得」をもとに計算される**ということです。つまり、節税をしたいのであれば、さまざまな金額を控除して、課税所得を少なくすればいいというわけです。

5 minutes action
今すぐできる、5分アクション

所得税と住民税の額を給与明細で確認しよう

Get rich with just 5 minutes per day

DAY 22

税金って当たり前に払うものじゃないんですか？

節税はＯＫ！ 税金を節約すれば手取りが増えていきます

税金は社会を支えるお金ですが、「たくさん払わなければ」と思う方は相当なお人好しでしょう。実際は「税金ってなんでこんなに高いの！」と感じている方がほとんどのはずです。いくら頑張って働いても、税金と社会保険料で合わせて約4割が取られてしまうということを知れば、「今でさえカツカツなのに、資産なんてつくることはできないだろう」と思うのも無理はないでしょう。

しかし、**もしこの税金の一部を取り戻すことができたらどうでしょうか。**たとえば、生涯で支払う税金1億円のうち、5％取り戻せたら500万円、10％なら1000万円多く手元に残ることになります。これは大きいですね。

そのために、税金の控除をフルに活用すれば、引かれる部分の税金を小さくできるため、手元に残る金額が確実に増えます。この分を毎年積み重ねていけば、お金持ちになる未来が近づきます。

税金の控除のいいところは、資産運用とは違って、知識があればリスクゼロでお金を増やすことができることです。もちろん、資産運用も大切ですが、税金の控除のほうが、多くの人が実践できるでしょう。

ただし、税金は一気に取り戻すことはできません。毎年地道に、支払った税金をコツコツと取り戻していきます。たとえば、**30万円を毎年取り戻せれば、33年で約1000万円**になります。長期的な視点で、お金を取り戻していくのです。

控除の手続きは、みなさんが考えているほど難しくはありません。確定申告が必要な場合もありますが、毎年同じことをすればいいのです。一度手続きを行えば、あとは書類を添付するだけですむ場合もあります。ですから、手続きを面倒くさがらずに行ってください。

税金を払わなかったり、ごまかしたりする「脱税」は立派な犯罪です。しかし、**節税は**

合法的に税金を減らすテクニックです。使わない手はありません。

ＤＡＹ24から、さまざまな控除について説明します。15種類ある所得控除、サラリーマンでもできる節税、さらには確定拠出年金（ｉＤｅＣｏ・企業型ＤＣ）、ＮＩＳＡ・ふるさと納税など、方法はいろいろあります。人によって使える制度や金額などが異なりますので、使えそうなものはどんどん取り入れてください。

5 minutes action
今すぐできる、5分アクション

もう一度、自分が税金をいくら払っているか確認しよう

DAY 23

確定申告は、フリーランス以外には関係ないですよね？

会社員・公務員でも必要な場合もあります。仕組みを理解しておこう

会社員・公務員の場合、所得税は給与天引きで国に納め、年末調整で過不足を調整します。会社員・公務員以外の、個人事業主やフリーランスの人は、確定申告で正確な納税額を計算し、過不足を精算することになります。**確定申告とは、毎年1月1日から12月31日までに得たすべての所得を計算し、申告・納税する手続き**のことです。

では、会社員や公務員の場合、確定申告はしなくていいのか、というと、そんなことはありません。以下の場合は、確定申告をしたほうがお得だったり、そもそも確定申告でし

か控除できなかったりします（なお、各控除の概要は115ページ以降で説明します）。

まず、**所得控除の中でも医療費控除・寄附金控除・雑損控除のどれかがある場合。これらはそもそも年末調整では控除できません。**会社員・公務員でも確定申告が必要になります。また、今年住宅ローンを借りて住宅ローン控除を受けるという場合も、1年目だけは自分で確定申告が必要です（2年目以降は年末調整で可能）。

「2つ以上の会社から給与をもらっている」
「1年間にかかった医療費が10万円を超える」
「給与収入が2000万円を超えている」
「年の途中で退職し、年末までに再就職していない」
「年末調整後、その年の12月31日までに結婚・出産などで扶養家族が増えた」
「一定の団体等に年間2000円を超える寄付を行った」

場合などは、確定申告が必要になります。

さらに、**年末調整のときに控除し忘れていたという場合も解決策があります。**あとから申請していなかった保険料控除証明書が出てきた、住宅ローン控除の申請をし忘れた、配偶者特別控除や扶養控除などを書き忘れた……などという場合は、「還付申告」という手続きをすることで、所得控除を受けられます。あとから所得税の納めすぎに気づいたという場合も還付申告によって取り戻せます。還付申告では、確定申告のときに提出する「確定申告書A」と、領収書などの証明書類を添付して提出します。

還付申告は翌年1月1日以降、確定申告期間に関係なく**5年間可能**です。これを過ぎるともう税金は取り戻せなくなるので、思い当たる人は確認してみましょう。

確定申告をすれば必ず税金が戻るというわけではありませんが、**比較的税金が戻りやすいのは、年の途中で退職して再就職していない人**です。

年の途中で退職して再就職していない場合、在職中、すでに給料から源泉徴収されている所得税は、1年間働くことを前提に計算されています。年の途中で会社を辞め、その後再就職せずに無収入だったとすると、その年の収入は当初予定していた収入よりも低くなるので、納めるべき税金の金額も下がります。ですから、税金が戻る可能性が高いのです。

確定申告書の提出期間は通常、翌年2月16日から3月15日までです。以前は、確定申告書に源泉徴収票を添付して提出していましたが、現在では不要になっています。とはいえ、源泉徴収票の内容を確定申告の書類に記載する必要があるので、源泉徴収票は捨てずに取っておきましょう。

5 minutes action
今すぐできる、5分アクション

国税庁ウェブサイト「確定申告書等作成コーナー」を見てみよう

DAY 24

税金が安くなるさまざまな控除について教えてください

とくに所得控除に注目！自分が受けられる控除はすべて利用しよう

Ｐ105の図で紹介したとおり、給与収入から差し引くことのできる控除には**給与所得控除・所得控除・税額控除**の3種類があります。これらの控除は、使えるものが多ければ多いほど、税金を安くできます。

給与所得控除は、会社員に認められた必要経費のようなもの。控除できる金額は、収入金額によって異なります。次のページの表を確認してください。たとえば、収入金額が300万円の人の給与所得控除の金額は、300万円×30%＋8万円＝98万円となります。

給与所得控除の金額

給与等の収入金額（給与所得の源泉徴収票の支払金額）	給与所得控除額
162万5,000円まで	55万円
162万5,000円超180万円まで	収入金額×40％－10万円
180万円超360万円まで	収入金額×30％＋8万円
360万円超660万円まで	収入金額×20％＋44万円
660万円超850万円まで	収入金額×10％＋110万円
850万円超	195万円（上限）

年収によって自動的に算出されます。

出所：国税庁

所得控除は、本人や家族の状況、災害や病気といった個別の事情を汲み取って控除して、税の負担を軽くする制度です。

とはいえ、税務署側から「今年はどうでしたか？」などと聞いてはくれません。ほとんどの場合、**自分で申請しなければ控除されません**ので、内容を理解して、受けられるものは漏れなく受けるようにしましょう。また、自分はその控除の対象になるか迷ったら、税務署などに相談してみましょう。大まかな内容と控除できる金額はP118の表のとおりです。

収入が少ない人に重い税負担がかからないようにする控除に「**基礎控除**」「**配偶者控除**」「**配偶者特別控除**」「**扶養控除**」があり

ます。

また、個人の事情を考慮して税負担を軽くする控除に**「障害者控除」「寡婦控除」「ひとり親控除」「勤労学生控除」**があります。以前は「寡夫控除」がありましたが、2020年分（令和2年分）より**「ひとり親控除」**に変更されました。

さらに、保険などに関わる控除に**「社会保険料控除」「小規模企業共済等掛金控除」「生命保険料控除」「地震保険料控除」「寄附金控除」**、病気になったり被災したりした人の控除に**「医療費控除」「雑損控除」**もあります。

これらの所得控除を差し引いて所得税額を計算したあと、さらに税額そのものからマイナスできる控除を**「税額控除」**といいます。税額控除は、控除額をそのまま所得税から差し引くことができます。

住宅ローンを組んでマイホームを購入した場合、**住宅ローン控除**（住宅借入金等特別控除）によって、所得税・住民税が安くできます。住宅ローン控除額が10万円なら、所得税

所得控除の種類と控除できる金額

知って得する「控除」の話

所得控除の種類	内容	控除できる金額
基礎控除	誰もが一律に受けることができる控除	最高で48万円
医療費控除	自分や家族のために医療費を支払った場合の控除	10万円を超えた部分（保険金などで補てんされる金額を除く・最高で200万円）
社会保険料控除	社会保険料を支払った場合の控除	その年に支払った金額の全額
生命保険料控除	生命保険料を支払った場合の控除	最高で12万円
小規模企業共済等掛金控除	小規模企業共済やiDeCoなどの掛け金を支払った場合の控除	小規模企業共済の場合、最高で84万円。iDeCoの場合、最高で81万6,000円
地震保険料控除	地震保険料を支払った場合の控除	最高で5万円
寄附金控除	特定の団体に寄付した場合の控除	特定寄附金の金額－2,000円（年間所得の40％まで）
障害者控除	障害者に当てはまる場合の控除	27～75万円（障害の程度や同居の有無により異なる）
寡婦控除	夫と死別・離婚などをした場合の控除	27万円
ひとり親控除	納税者がひとり親の場合の控除（合計所得金額500万円以下）	35万円
勤労学生控除	納税者が勤労学生である場合の控除	27万円
扶養控除	扶養家族がいる場合の控除	38～63万円（扶養親族の年齢などにより異なる）
配偶者控除	配偶者（年間の合計所得金額48万円以下）がいる場合の控除	最高で38万円（70歳以上の場合は48万円）
配偶者特別控除	配偶者（年間の合計所得金額48万円を超えて133万円以下）がいる場合に受けられる。所得税額に応じて受けられる控除	最高で38万円。配偶者の所得が増えるほど控除額が減り、年間の合計所得金額が133万円超になると0円になる
雑損控除	災害、盗難、横領などによって損害を受けたときの控除	損失額に応じて控除額が変わる

国税庁の資料をもとに筆者作成（2020年分の金額）

を直接10万円分減らすことができます。また、所得税から引ききれなかった分がある場合、最高で13万6500円まで住民税が控除されます。

5 minutes action
今すぐできる、5分アクション

活用できそうな控除がないか右の表を確認しよう

Get rich with
just 5 minutes per day

DAY 25

会社員にもできる節税ってなんですか？

意外と多くの人が活用できる控除はたくさんあります。フル活用して手取りを増やそう

ＤＡＹ24で紹介した3つの控除を活用することで、会社員でも支払う税金を減らして手取りを多くできます。ここではその中から、多くの会社員が利用できそうなものに絞って、概要をまとめて紹介します。

扶養控除

扶養控除は、親族を養っている人の税金を減らす控除です。**生計を一にする（同じ財布で生活をしている）16歳以上の人で、所得金額（収入から控除等を引いた金額）が「48万円**

以下」の人を扶養している場合に、控除が受けられます。

控除額は、扶養親族の年齢や同居の有無で変わります。16歳以上の子の場合は38万円ですが、19～23歳未満の時期には63万円に上乗せされます。また、同居老親等の場合は58万円、同居老親等以外の場合は48万円と控除額に差があります。

なお、「生計を一にする」は、必ずしも同居している必要はありません。子どもが遠くの大学に進学してひとり暮らしをしていたり、両親が実家で暮らしていたりする場合でも、生活費を仕送りしているようなケースなら認められます。

扶養控除

扶養親族が70歳未満の場合（その年の12月31日現在）の控除額	
一般の扶養親族（16歳以上）	38万円
特定扶養親族（19歳以上23歳未満）	63万円

扶養親族が70歳以上の場合（その年の12月31日現在）の控除額	
同居老親等以外の人	48万円
同居老親等	58万円

親族を養っている人の税金を減らす控除です。

医療費控除

病気やケガで病院にかかったり、入院・手術をしたりして、医療費が年間10万円を超えたなら、医療費控除を

することによって税金が戻ってきます。
医療費控除の控除額は、次の計算式で求めます。

医療費控除＝（医療費総額－保険金・公的給付）－10万円
（最高で200万円まで）

※なお、その年の総所得金額等が200万円未満の人は、総所得金額等の5％の金額までとなります。

医療費として認められるものは、**医療機関で支払った自己負担分の医療費、薬局で支払った薬代、通院に要した交通費などがあります。**交通費は、タクシー代は基本的に認められませんが、どうしてもタクシーでなければ病院までの移動ができないなどの特別な事情があれば、控除の対象となります。また、治療目的であれば、市販の風邪薬や胃腸薬、湿布薬なども対象になります。
医療費控除は「生計を一にしている親族」の分を負担している場合、合算して申告することが可能です。扶養控除の対象となる妻や子はもちろん、**収入がある妻や子どもでも、同一生計であれば、負担した医療費を合計できます。**税金が還付される金額は、支出した

医療費控除

医療控除の対象となるもの、
ならないものを見極めて活用しよう。

医療費控除が認められるもの

◎病院でかかった医療費、交通費

医療機関で払う医療費や薬代。交通費はガソリン代は NG ですが、電車やバスはOK。タクシー代はやむを得ない場合は認められます

◎入院のための部屋代、食事代

病院から提供される食事や部屋にかかる費用は対象。その他診療を受けるための吸い飲みなどの器具代もOK

◎歯の矯正（美容目的以外）

治療はもちろん、審美以外の矯正、子どもの矯正、インプラントなどは控除の対象

◎治療用に買った医薬品

風邪薬や湿布薬など、市販品も治療目的で購入したものは対象。漢方薬も医師の処方せんがあれば OK

◎治療のためのマッサージ

鍼灸師や指圧師など資格者から、治療のために受けた施術の費用は OK。疲労回復、健康維持目的はNG

医療費控除が認められないもの

◎健康診断、人間ドックなどの健診費用
◎サプリメントや栄養ドリンク
◎インフルエンザなどの予防接種代
◎コンタクトレンズ代など

国税庁のHPを参考に筆者作成

医療費に加え、年収によっても変わってくるので、家族の中で一番所得が多い人が申告しましょう。

セルフメディケーション税制

「医療費が年間10万円もかかっていない」という方は、**「セルフメディケーション税制」を利用すると、税金を取り戻せる可能性があります。**

セルフメディケーション税制の別名は「スイッチOTC薬の所得控除」。スイッチOTCとは、従来は医師の処方箋が必要だった医療用医薬品を、薬局で購入できるように一般用医薬品に転用したものです。ドラッグストアなどで購入でき、病院に通わないでも、市販薬を買うことで医療費に関する税金を安くできます。

セルフメディケーション税制を利用できる人は、次の条件を満たす人です。

・所得税や住民税を納めている人
・対象となるOTC医薬品の年間購入金額が自分と扶養家族（生計を一にする家族）の分を合わせて1万2000円を超えた人（上記は控除8万8000円まで）

・特定健康診査、予防接種、定期健康診断、健康診査、がん検診など、検診や予防接種のいずれかを行っており、病気の予防や健康増進に取り組んでいる人

この場合、対象医薬品の購入金額から1万2000円の下限額を差し引いた金額が控除できます。なお、医療費控除とセルフメディケーション税制は併用できませんので、控除額が大きいほうを選ぶとよいでしょう。

医療費控除・セルフメディケーション税制を利用するには確定申告が必要ですので、病院や薬局、ドラッグストアなどの領収書は必ずとっておきましょう。

生命保険料控除

生命保険料や介護医療保険料を支払っているときに受けられる控除です。年末が近づいたときに会社に「保険料控除証明書」を提出したことのある方も多いでしょう。これは、年末調整で税額を減らすための手続きです。

生命保険料控除は、加入している保険の種類や加入した年によって、若干ですが取り扱

生命保険料控除

最高12万円

新契約	新生命保険料控除 （最高４万円） （遺族保障等）	介護医療保険料控除 （最高４万円） （介護保障、医療保障）	新個人年金保険料控除 （最高４万円） （老後保障）

＋ 新契約と旧契約の双方に加入している場合※は最高53万円

旧契約	旧生命保険料控除 （最高５万円） （遺族保障、介護保障、医療保障等）	旧個人年金保険料控除 （最高５万円） （老後保障）

※新契約と旧契約の双方に加入している場合は、
旧契約の支払保険料等の金額によって控除額の計算方法が変わります。
◎旧契約の保険料が６万円超の場合：旧契約の支払保険料等の金額に基づいて計算した控除額（最高５万円）
◎旧契約の保険料が６万円以下の場合：新契約の支払保険料等の金額に基づいて計算した控除額と旧契約の支払保険料等の金額に基づいて計算した控除額の合計（最高４万円）

生命保険料控除はこうやって計算します。

出所：国税庁

いが異なるため注意が必要です。

２０１１年（平成23年）以前に契約した人は、最高で一般の生命保険料５万円、個人年金保険料５万円の合計10万円の控除を受けることができます（旧契約）。

２０１２年（平成24年）以降に契約した人は、**最高で一般の生命保険料４万円、個人年金保険料４万円、介護医療保険料４万円の合計12万円の控除が受けられます**（新契約）。ただし、保険期間が５年未満の生命保険などの中には、控除の対象とならないものもありますのでご注意ください。

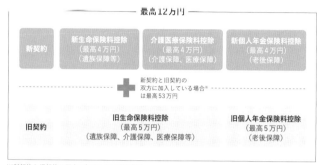

住宅ローン控除

住宅ローン控除は、年末の住宅ローン残高の1％を10年間、所得税などから控除する制度です。一般住宅の場合、10年間で最大４００万円（年間40万円×10年間）、長期優良住宅などの特定の住宅は最大５００万円（年間50万円×10年間）が控除され、確定申告や年末調整を通じて還付されます。

また、消費税10％が適用される住宅を取得し、２０１９年10月１日から２０２０年12月31日の期間に入居した人は、控除期間が10年から13年に延長されます。延長される３年間については、住宅やマンションの建物購入価格の２％分を3等分にした額と、住宅ローンの年末残高の１％分の金額を比べて、控除額が少ないほうが適用されます。この住宅ローン控除の特例の期限ですが、２０２１年度税制改正大綱で２０２２年12月末まで、2年延長されるという方向で調整がされることになりました。特例措置に間に合わないとあきらめていた人でも利用ができるとなると、これから住宅取得を検討している人には朗報ですね。

ただし、年間40万円の所得税を控除するには、所得税も40万円納めている必要があります。もし、その年に納めた所得税が30万円であれば、減税額も30万円になります。納めた税金の金額までしか戻ってこないことは理解しておきましょう。

住宅ローン控除は、条件を満たせば増改築や大規模修繕などを行った場合にも適用を受けることができます。

この他、会社員の場合、ｉＤｅＣｏ、ふるさと納税を活用した節税も取り組みやすいでしょう。詳しくはＤＡＹ26以降で解説します。

5 minutes action
今すぐできる、5分アクション

活用できる控除について詳しく調べてみよう

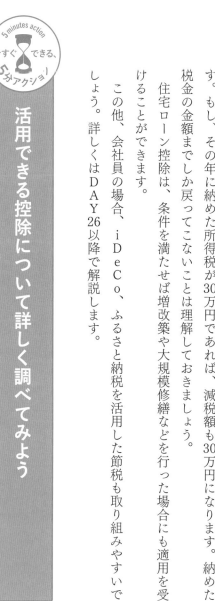

DAY 26

iDeCoに節税効果があると聞いたのですが、本当ですか？

iDeCoなら、所得税・住民税を減らしながら自分の老後資金を貯められます

iDeCoは、自分で出した掛金を預金・保険・投資信託といった金融商品で運用し、その結果を60歳以降に受け取れる制度です。原則20歳以上60歳未満の方であれば誰でも加入できますが、1年間の掛金額の上限は勤め先や会社での年金制度の有無などにより異なります。なお、企業型DCのある会社員がiDeCoに加入する場合には、会社と従業員の間で加入を認める規約が必要でしたが、2022年10月以降はこの規約が不要になるため、iDeCoにより入りやすくなります。

iDeCoのメリットは強力な3つの節税効果にあります。

iDeCoの掛金額の上限

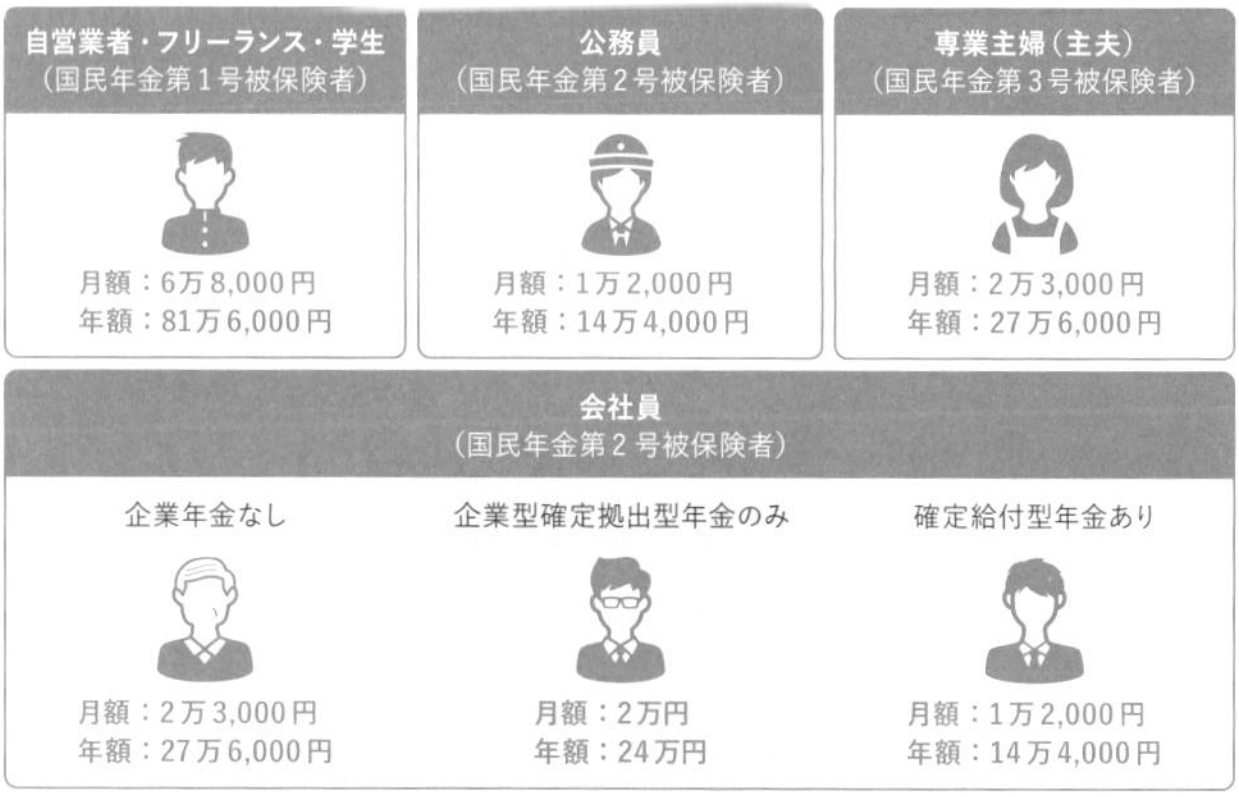

自営業者・フリーランス・学生 (国民年金第1号被保険者)	公務員 (国民年金第2号被保険者)	専業主婦（主夫） (国民年金第3号被保険者)
月額：6万8,000円 年額：81万6,000円	月額：1万2,000円 年額：14万4,000円	月額：2万3,000円 年額：27万6,000円

会社員 (国民年金第2号被保険者)		
企業年金なし	企業型確定拠出型年金のみ	確定給付型年金あり
月額：2万3,000円 年額：27万6,000円	月額：2万円 年額：24万円	月額：1万2,000円 年額：14万4,000円

掛金の上限は働き方や企業年金制度により異なります。
拠出限度額の範囲内で、月5,000円から1,000円単位で自由に積み立て可能です

あなたのiDeCoの掛金上限額はいくら?

メリット①掛金が全額所得控除

iDeCoで出した掛金は、税金の計算のもとになる「所得」から差し引く（控除する）ことができます。それによって、所得税や住民税を安くできるのです。

たとえば、所得税率10％、住民税率10％の方が月1万円（年12万円）の掛金を出したら、**所得税から年1万2000円、住民税から1万2000円、計2万4000円の税金が控除できます。**これは、年利20％の資産運用をするのと同じ効果です。自分の老後資金を貯めながら税金が減らせるありがたい制度なのです。

iDeCoの3つの節税メリット

メリット①	メリット②	メリット③
年間の掛金	運用中の利益	年金を受け取るとき
▼	▼	▼
全額「所得控除」	「運用益」が非課税	「退職所得控除」「公的年金等控除」
▼	▼	▼
所得税・住民税が減る	**効率よくお金を増やせる**	**税負担が減る**

iDeCoは節税しつつ老後資金を貯められる！

メリット②運用で得た利益が非課税

iDeCoで得られた利益はすべて非課税になります。 とくに、まだ若い20代・30代の方であれば、長い間非課税にできます。

iDeCoで運用する商品は、元本が確保される「定期預金」「保険」と、元本が確保されない「投資信託」があります。定期預金や保険でも節税効果は受けられますが、ほとんど増えることもありません。しかし、投資信託ならばじっくり取り組むことでお金が増やせる可能性があります。

メリット③受け取るときにも控除がある

iDeCoで貯めた資産は、60歳から70歳までの間に年金形式か一時金形式で受け取ります。年金形式の場合は「**公的年金等控除**」、一時金形式の場合は「**退職所得控除**」の対象になるため、税金の負担を減らすことができます。

ただし、ｉＤｅＣｏの資産は原則として60歳まで引き出せません。つまり、老後資金を貯めるためにしか使えないということです。しかし、発想を変えてみれば、**60歳まで引き出せないからこそ、確実に老後資金を貯められる、**ともいえます。そう考えれば、60歳まで引き出せないこともメリットだと思えるはずです。

なお、ｉＤｅＣｏは２０２２年に制度改正の予定。加入可能年齢が5年のびて65歳までになるほか、受給開始時期も75歳までに延長されます。

5 minutes action
今すぐできる、5分アクション

金融機関からｉＤｅＣｏの資料を取り寄せよう

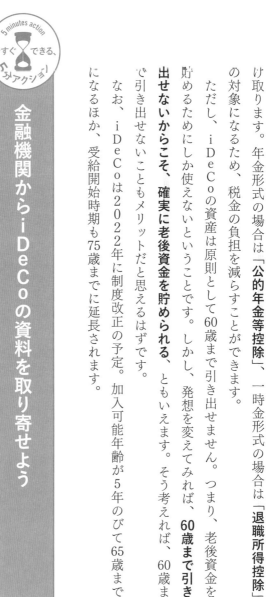

Get rich with
just 5 minutes per day

DAY 27

ふるさと納税も節税に活用できるのですか？

ふるさと納税は2度おいしい！ 返礼品をもらいながら「寄附金控除」ができます

ふるさと納税は、自分で選んだ自治体に寄付して手続きすると、**2000円を超える金額について、所得税や住民税から控除できる制度**です。

多くの自治体では、ふるさと納税の感謝の気持ちとして、**寄付した額に応じたお礼の品（返礼品）を用意しています**。返礼品にはお米や野菜、和牛やエビ・カニといった生鮮食品、果物にお酒、雑貨や美容アイテムまで、地域の特産品が揃っています。また、洗剤やトイレットペーパーなど、生活必需品をもらって家計の足しにする、という人もいます。「ふ

ふるさと納税の控除手続きの流れ

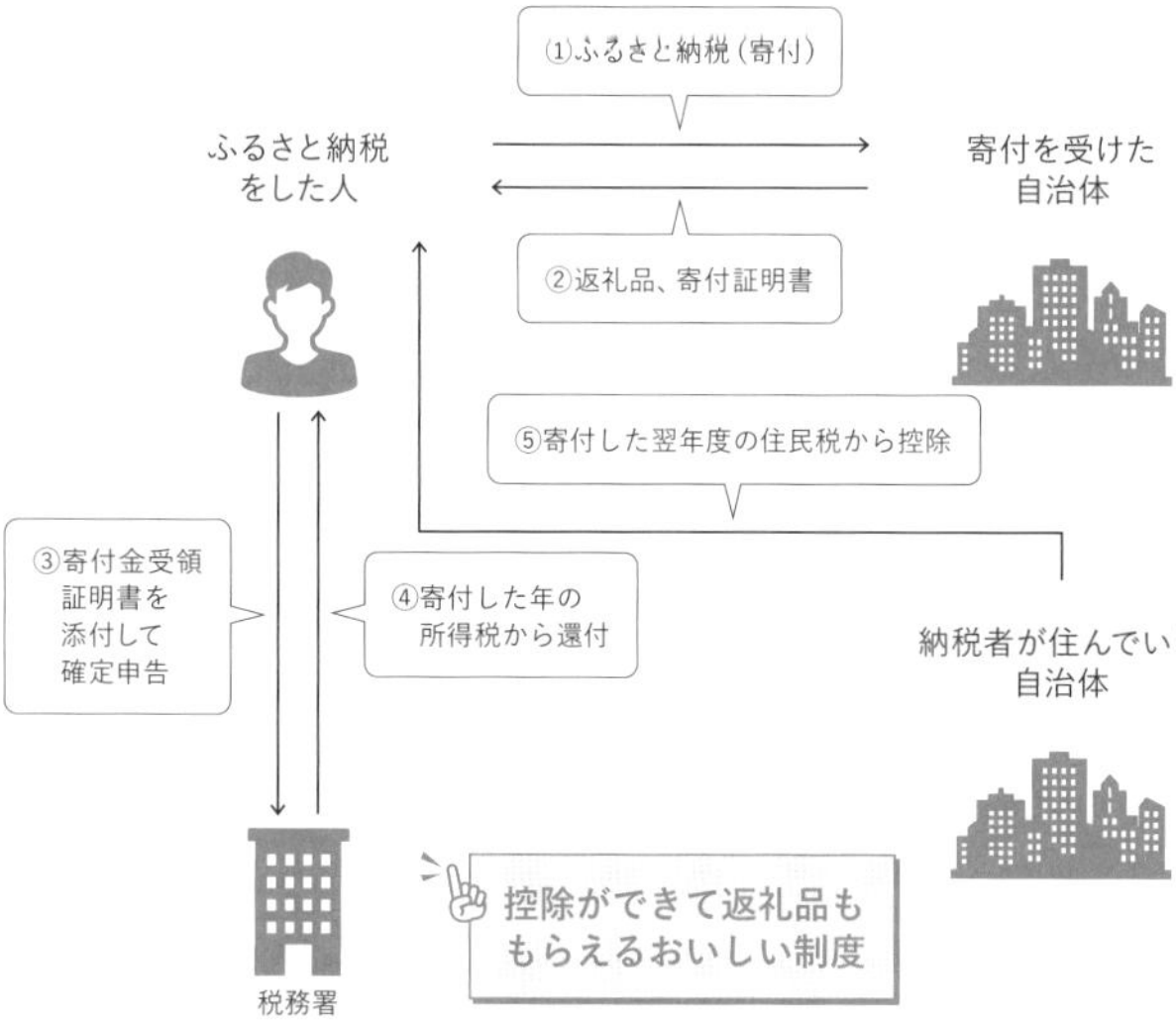

るさとチョイス」「さとふる」などのサイトでは、返礼品を検索することもできます。「ふるさと」といっても、自分の故郷である必要はないので、好きな自治体に寄付をすればいいでしょう。

ふるさと納税をすると、返礼品に加えて、寄附金受領証明書が届きます。翌年の確定申告のときに、これを提出して寄附金控除を行えば、税金が安くできます。

なお、会社員・公務員の方で、**ふるさと納税の納税先が5つまでならば、「ワンストップ特例制度」を利用することで確定申告なしで税金を安くすることも可能。**この場合は、ふるさと納税の申し込み時に特例申請書を提出します。

寄附金の2000円を超える金額は、所得税と住民税が安くなる形で戻ります。確定申告で手続きした場合は、その年の所得税から現金でお金が戻り、寄付した翌年度の住民税から控除されます。ワンストップ特例制度を利用した場合は、全額が翌年度の住民税から控除されます。つまり、その分手取りが増えることに。寄付の翌年度は給与明細などで住民税が安くなっているか、確認しましょう。

なお、ふるさと納税には控除額の上限があります。**上限を超えてふるさと納税をすることもできますが、超えた分は自己負担になってしまいます。**

控除額の上限は年収や配偶者の有無、子どもの数により変わります。総務省のサイトには目安の一覧表があるほか、シミュレーションで計算できるようになっているので、ふるさと納税をする前に確認しましょう。

5 minutes action
今すぐできる、5分アクション

ふるさと納税のウェブサイトで返礼品を検索しよう

Get rich with just 5 minutes per day

LESSON 4

最高のコスパを実現するお金の使い方

Get rich with
just 5 minutes per day

DAY 28

現金・クレジットカード・キャッシュレス決済のどれがいいですか？

ポイント還元・割引が受けられるキャッシュレス決済が断然お得！　家計管理もラクラクです

ここ数年、現金を使わずに買い物をするキャッシュレス決済が広がっています。昔からあるクレジットカードもキャッシュレス決済の種類のひとつですが、その他にも、電子マネー・スマホ決済（ＱＲコード決済）・デビットカードなどがあります。

キャッシュレス決済を使うと、多くの場合ポイント還元が受けられます。還元されたポイントは、次の支払い時にお金と同じように使えます。つまり、割引を受けているのと同じです。ときにはキャンペーンなどが行われて、還元率が大きくアップすることもありま

主なキャッシュレス決済の種類

それぞれの特徴を活かして使おう！

	クレジットカード 	電子マネー 	スマホ決済 
使うもの	クレジットカード （端末に差し込んで使用） ※Apple Pay や Google Pay を利用するとスマホでも使える	電子マネーカード （端末に通したり、タッチしたりして使用） ※スマホで使えるものもある	スマホ （画面のQRコードをレジで読み取ったり、カメラでQRコードを撮影したりして使用）
使える場所	多い （世界中で利用可能）	スマホ決済よりは多い	急速に拡大中
お金を支払うタイミング	後払い	先払い・後払い （種類により異なる）	先払い・即時払い・後払い （種類により異なる・タイミングを選べるものもある）
支払うお金の出所	【後払い】口座引き落とし	【先払い】現金チャージ 【後払い】クレジットカード	【先払い】現金・銀行口座からのチャージ 【即時払い】口座引き落とし 【後払い】クレジットカード・携帯料金と合算 など
年会費	無料・有料 （種類により異なる）	無料	無料
メリット	◎使える場所が多い ◎今お金がなくても後払いで買い物できる	◎決済がすぐできる ◎クレジットカードなしでも使える	◎スマホだけで決済できる ◎アプリ上で情報が確認できる ◎支払い以外の機能が充実
主なカード・アプリ	楽天カード イオンカード セゾンカード など	WAON nanaco Suica など	PayPay 楽天 Pay d払い など

す。

また、キャッシュレス決済を利用すればレジで小銭をいちいち出す手間も省けてスピーディーですし、**利用明細や履歴などで家計の管理も楽**にできます。

さらに、スマホ決済の場合、同じアプリを使って人にお金を送金したり、お金を集めて割り勘したりするのも簡単です。銀行で送金すると手数料も時間もかかりますが、スマホ決済ならば無料ですぐにお金のやりとりができます。

このようなお得なポイントやサービスは、現金払いをしていたのでは使えません。しかも、キャッシュレス決済は今後もさらに広く利用されると考えられます。ですから、ぜひ現金払いをやめて、キャッシュレス決済を導入しましょう。

とはいえ、キャッシュレス決済手段はとてもたくさんあります。そこで、**利用するキャッシュレス決済選びのポイントを3つ**、紹介します。

❶使える店が多いかどうか

どのキャッシュレス決済が使えるかは、店舗ごとに異なります。**使える店が多いほど、**

単純に利便性は高まります。チェーン店はもちろん、個人経営の店などでも利用できるとお得ですし、現金決済の手間もなくなります。

❷生活圏で使えるか

いくら使える店が多くても、**自分の生活圏で使える店が少ないのでは意味がありません。**とくに前払い（チャージ）をして使うサービスの場合、使える店が少ないと、チャージしたお金が使い切れずに残ってしまいます。だからといって無理に使うと、今度は無駄遣いになってしまう可能性もあります。ですから、自分がよく行く店や、よく利用するサービスで使えるのかも確認しましょう。

❸普段から貯めているポイントと相性が良いか

たとえばドコモユーザーでdポイントを貯めているならd払い、楽天会員で楽天ポイントを貯めているなら楽天ペイという具合に、**普段から貯めているポイントが貯まるサービスを選ぶ**と、ポイントがより貯めやすくなります。

おすすめは、**クレジットカード2枚、電子マネー1枚、スマホ決済2つの計5つに絞ること**。お金の流れがわかりやすくなりますし、貯まったポイントをも生かしやすくなります。

クレジットカードは、買い物なら流通系、鉄道や飛行機なら交通系、ネットなら通信系という具合に、よく使うシーンでお得なものを選びましょう。年会費が無料のもの、還元率の高いものを優先します。ブランドも分けておくと安心です。1枚はＶＩＳＡ、もう1枚はＭａｓｔｅｒまたはＪＣＢという具合です。

電子マネーは、**住んでいる地域で使える交通系電子マネーが便利です**。使える店舗が多い上に、電車やバスにも乗れます。あるいは、地元のショッピングセンターで使えるものもいいでしょう。

そしてスマホ決済は、利用可能な店舗の多いＰａｙＰａｙに加えて、普段利用しているサービスと相性のいいアプリを選びましょう。ｄ払いや楽天ペイなど、一部のスマホ決済では、クレジットカードをアプリに登録し、**スマホ決済の支払い方法として利用することで、ポイントの二重取りも可能になります**（なお、ｄ払いや楽天ペイの場合、店舗での買い物の際にポイントカードを提示すると、ポイントカードのポイントまで手に入る「三重取り」も可能です）。

5 minutes action
今すぐできる、5分アクション

スマホ決済のアプリをひとつダウンロードして、使ってみよう

Get rich with
just 5 minutes per day

DAY 29

お得だと思ってクレジットカードをたくさん持ってます

たくさんあっても無駄！2枚に絞って残りは解約しよう

キャッシュレス決済の中でもっとも利用されているのはクレジットカード。たくさん持っているという人は要注意です。

クレジットカードをたくさん持っていると、管理がしづらくなってしまいます。どのクレジットカードをいくら使ったのか、支払いの合計がいくらなのかがわからなくなると、支出が増える原因になってしまいます。

また、たくさんのクレジットカードを使っていると、せっかく還元されたポイントもそれぞれ分散してしまいます。これでは、まとめて使うことができませんので、不便です。

さらに、クレジットカードの中には年会費がかかるものもあります。初年度は無料でも、2年目からは有料というケースもわりと多くあります。もし、それを忘れて持っていたら、無駄な年会費を支払っている可能性もあるのです。

そこで、次の3点をチェックしてクレジットカードを絞りましょう。

❶自分の行動パターンから選ぶ

クレジットカードを使う最大の目的は、ポイントを貯めることです。ポイントを貯めるためには、よく行く店で使う必要があります。ですから、日常の自分の行動範囲を考えて、行動パターンに合ったカードを選び、利用することが大切です。たとえば、スーパーや百貨店に行くなら買い物の割引やポイントサービスが充実している「**流通系カード**」、飛行機や電車に乗るならマイルが貯まったり電車に乗れたりする「**交通系カード**」、マイカーを利用するならガソリン代が安くなる「**石油系カード**」という具合です。

❷ポイントの還元率で選ぶ

いくらの利用で何ポイント付与されるか、1ポイントにどのくらいの価値があるのかはクレジットカードによってさまざまです。その**ポイントの「おトク度」を知る指標になるのが「還元率」**です。たとえば、200円で1ポイント貯まり1ポイント＝1円なら、還元率は1円÷200円×100＝0・5％となります。一度利用中のカードの還元率をチェックしてみましょう。

❸付帯サービスで選ぶ

還元率が高くなくても、特定の日に利用すると安く買い物できるクレジットカードや、空港のラウンジや各種施設などを無料、または優待価格で利用できるようになるクレジットカードもあります。これらの**付帯サービスがあってよく使っているという場合には、残しておくべきでしょう。**

前項でも少しお伝えしましたが、以上の条件をもとに、クレジットカードは2枚に絞りましょう。VISAとMasterCard、あるいはJCBという具合に、**ブランドも分けましょう。**そして、不要なクレジットカードは解約しましょう。

クレジットカードの解約は、カスタマーセンターなどに電話して行います。それほど手間はないでしょう。ただし、解約すると保有しているポイントは失効するので、解約前に使い切っておきましょう。また、分割払いなどの支払いが残っている場合は、残額を一括で請求される場合があるのでご注意ください。

また、せっかく**クレジットカードを絞っても、正しく使わないとお金がなくなる**原因に。ポイントを貯めて節約につなげるためにも、使い方は守りましょう。

5 minutes action
今すぐできる、5分アクション

財布の中のクレジットカードを2枚に絞り、残りは解約しよう

DAY 30

公共料金の支払い、お得にする方法はありますか？

キャッシュレス決済を利用したお得な方法が3つあります

毎月なんらかの支払いがある公共料金や税金。現金払いしたり、口座振替で支払ったりしていませんか？　キャッシュレス決済を利用して支払いをすると、現金払いをするよりお得になる場合があります。大きく3つの方法を紹介します。

❶クレジットカードで支払う

電気・ガス・水道などの公共料金、所得税や法人税などの国税、自動車税や固定資産税などの地方税は、ほとんどの場合クレジットカードで支払うことができます。国税の支払いは、国税庁「**国税クレジットカードお支払サイト**」を介して行います。また、地方税は

「**Yahoo! 公金支払い**」を利用するのが便利です。

クレジットカードで支払うことで、現金で得られなかったポイントがもらえます。また、口座振替とは違って「残高不足で支払いができなかった」という事態も防げます。そのうえ、支払日をひとつにまとめれば、管理も楽に。現金払いや口座振替より、便利さでも一歩リードしています。

たとえば、月1万2000円の電気代を還元率1％のクレジットカードで支払うと、月120ポイント、年1440ポイントが手に入ります。公共料金や税金などの支払いをクレジットカードに変えることで、ポイントが自然と貯まっていきます。

ただし、**支払い金額が少ない場合は、現金払いや口座振替のほうがお得になるケースがあります。**というのも、口座振替による割引があったり、クレジットカード払いに手数料がかかったりするケースがあるのです。

たとえば、東京電力では口座振替を設定すると毎月55円（税込）電気代が割引されます。つまりこの場合、クレジットカード払いをしたときに、55ポイント以上もらえれば得とい

電気代の「損益分岐点」

月額 利用料金	クレジットカードのポイント還元率	
	0.5%	1.0%
5,000円	25ポイント	50ポイント
5,500円	27ポイント	**55ポイント**
6,000円	30ポイント	60ポイント
7,000円	35ポイント	70ポイント
8,000円	40ポイント	80ポイント
9,000円	45ポイント	90ポイント
1万円	50ポイント	100ポイント
1万1,000円	**55ポイント**	110ポイント
1万2,000円	60ポイント	120ポイント
1万3,000円	65ポイント	130ポイント

支払額によって口座振替かクレジットカード払いのどちらがお得か考えよう。

うことになります。

国税クレジットカードお支払サイトでは1万円あたり76円（税抜）の手数料が必要。Yahoo！公金支払いでは納める自治体により手数料が異なります。**どちらで支払うのが得かは金額で変わるので、比較してお得なほうを選びましょう。**

❷電子マネーで支払う

電子マネーの「nanaco」や「WAON」を使うと、コンビニで税金を支払うことができます。nanacoはセブンイレブン、WAONはミニストップが対応しています。

nanacoやWAONで税金を支払っても、ポイントは貯まりません。しかし、**nanacoやWAONにチャージをする際にポイントの貯まるクレジットカードを利用すれば、チャージによるポイントを貯めることができます。** nanacoへのチャージは「セブンカード・プラス」、WAONへのチャージは「イオンカードセレクト」などのクレジットカードが対応しています。

❸スマホ決済で支払う

スマホ決済の「PayPay」や「LINE Pay」では、手元の請求書のバーコードをスキャンすることで公共料金や税金を支払うことができます。**PayPayでは支払った金額の0・5～1・5％（PayPayの利用状況により異なる）のポイントが還元されます。** また、LINE Payでは「Visa LINE Payクレジットカード」を紐づけた場合に限り、1～3％（LINEポイントクラブのランクにより異なる）のポイントが還元されます。

なお、お住まいの地域などによって、キャッシュレス決済での支払いに対応していない場合もあるので、詳しくは納付先に確認してください。

5 minutes action
今すぐできる、5分アクション

公共料金を銀行口座引き落としから クレジットカード払いに変更する方法を調べよう

Get rich with
just 5 minutes per day

DAY 31

マイホームと賃貸 どちらがコスパいいんですか?

資産価値の高い家を買えるのかがポイント。ただ人生の転機に対応しやすいのは賃貸です

住宅費は住む地域によって大きく変わります。とはいえ、どこに住むにしても必ず出てくるのが「**自宅を購入するか、賃貸住まいにするか**」という問題です。永遠のテーマともいうべき問題ですが、果たしてどちらがお得なのでしょうか。

マイホームを購入するにしても、賃貸を続けるにしても、どちらにもメリット、デメリットがあります。また、何歳まで生きるかでも損得が変わってきます。

マイホームと賃貸のメリット・デメリット

	購入	賃貸
メリット	◎住宅ローンの返済が終われば住居費を払わずにすむ ◎資産になる ◎リフォームや間取り変更が自由にできる ◎設備のグレードが高い	◎ライフスタイルや家族構成に応じて住むエリアや間取りを臨機応変に変えられる ◎古くなったら新しい物件に住み替えができる。リフォーム費用も不要 ◎ローンを組まなくてすむ
デメリット	◎転勤などがあっても簡単に住み替えはできない ◎固定資産税などの税金やリフォーム費用が発生する ◎住宅ローンを完済したころにはかなり築年数が経過している可能性がある	◎家賃を払い続けても自分の資産にはならない ◎2年ごとに更新料が必要 ◎高齢になると賃貸してもらえる物件の選択肢が狭まる

自分のライフスタイルに応じて、考えましょう。

購入のメリットは、住宅ローンを完済すれば住居費がかからないことが大きいでしょう。家が自分の資産になるので、老後は家賃を支払わなくてもそこに住み続けることができます。リフォームや間取りの変更もできますし、一般に備え付けられている設備のグレードも高くなっています。一方、転居がしにくいことや、維持管理にお金がかかることはデメリットです。

対する**賃貸のメリットは、ライフスタイルに合わせて住むエリアや間取りを変えられること**です。独身のときは費用を抑えてコンパクトな家、結婚して子どもが生まれたら多少広い家、という具合に変更することができます。また、ローンを組まないので、まとまった資金が不要なのもメリットです。ただし、賃料は生涯発生しますし、原則2年ごとに更新料が必要になります。また、高齢になると貸してもらえなくなる可能性もあります。

購入と賃貸では、かかるお金の種類も違います。マイホームの初期費用としては通常、購入時の頭金や諸費用などで最低でも数百万円程度のまとまった資金が必要になります（諸費用もローンで借りられますが、毎月の支払額は上がります）。一方、賃貸の初期費用は敷金、礼金など。こちらは数十万円ですみます。

次ページの表は、現在30歳の夫婦が４０００万円の一戸建てを購入した場合と、賃貸マンションに住み続けた場合の住宅関連コストのシミュレーションです。長寿化の傾向から90歳まで生きる仮定にしました。

購入の場合、住宅ローンは年１・２％の固定金利（フラット35）だとします。また、賃貸の場合、子どもの成長にあわせて広い部屋に、子育てが終わって夫婦2人になるとコンパクトな部屋に住み替えると想定しています。

30歳の夫婦が90歳まで生きると仮定して
4,000万円の一戸建てを購入する場合のシミュレーション

購入	
6,368万円	
一戸建て購入	
価格	4,000万円
頭金	500万円
諸費用（物件価格の3%）	120万円
毎月返済額（借入条件：フラット35利用、金利1.2%、35年返済、ボーナス時加算なし）	10万2,500円
固定資産税（年間）	8万円
機構団信特約料（三大疾病保障付き）総額	366万円
修繕費用	600万円
リフォーム費用（20年後）	100万円
リフォーム費用（35年後）	200万円
住宅ローン控除総額（住居費用より差し引く）	303万円

賃貸					
7,255万円					
1→6年		7→24年		25年→	
		子育て期間		子ども独立	
敷金（家賃1カ月）	8万円	敷金（家賃1カ月）	10万円	敷金（家賃1カ月）	8万円
礼金（家賃1カ月）	8万円	礼金（家賃1カ月）	10万円	礼金（家賃1カ月）	8万円
仲介手数料（家賃1カ月）	8万円	仲介手数料（家賃1カ月）	10万円	仲介手数料（家賃1カ月）	8万円
家賃	8万円	家賃	10万円	家賃	8万円
管理費（家賃の10%）	8,000円	管理費（家賃の10%）	1万円	管理費（家賃の10%）	8,000円
更新料（2年に1度）	8万円	更新料（2年に1度）	10万円	更新料（2年に1度）	8万円
		引っ越し費用	15万円	引っ越し費用	15万円

金額だけを見ると大きな差があるが…。

その他細かい条件などは物件により違うので、**あくまでも目安ですが、このケースで試算をすると、賃貸より購入のほうが約900万円安くなります。**

とはいえ、金額だけを見て購入のほうがいいと考えるのは早計です。購入のほうは頭金が500万円としていますので、頭金の用意がなければ金額的メリットは少なくなります。

また、家を購入するときには、「一生そこに住み続ける！」という決意のもと購入する人がほとんどだと思いますが、長い人生の間には転勤があったり、会社の倒産があったり、親の介護の必要が出てきたりと、さまざまな転機があります。そうしたときに、家に住み続けることができなくなるリスクもあります。

そうなったときに、**人に「貸す」・「売却する」という選択ができるような家であれば、購入してもいいかもしれません。**そのときに支払っている住宅ローンの金額を上回る金額で貸せる、もしくは売却するときに、そのときの住宅ローンの残高を上回った金額で売却できるような資産価値の高い物件であれば、万が一住めなくなった際にも安心です。**そう**

した家を買うのが難しい、ということであれば、将来の転機に臨機応変に対応できる賃貸を選ぶべきでしょう。

5 minutes action
今すぐできる、5分アクション

今住んでいる家にこれからかかるコストをざっくり計算しよう

Get rich with
just 5 minutes per day

DAY 32

家を買う場合、適正価格はどのくらいでしょうか？

借りられる金額と無理なく返せる金額は違う。住宅ローンを借りる金額は年収の5〜6倍までに抑えよう

家を購入する場合、ほとんどの人がお世話になるのが住宅ローンです。銀行からお金を借りて家を買い、あとから少しずつ返済していきます。

もし銀行から「あなたには1億円お貸しします」と言われたら、ほとんどの方は喜ぶでしょう。しかし、**銀行がたくさん貸してくれるからといって、言われるがままに借りるのは問題です**。なぜなら、借りられる金額と返せる金額は別だからです。

借入金額は理想をいえば**年収の5倍程度**に抑えておくことが大切です。

低金利の今は、銀行もお金を貸したいと考えていて、年収の8倍程度になっても、簡単

年収・返済負担率からみた毎月の返済金額の目安

年収	返済負担率			
	20%	25%	30%	35%
400万円	6万7,000円	8万3,000円	10万円	11万7,000円
500万円	8万3,000円	10万4,000円	12万5,000円	14万6,000円
600万円	10万円	12万5,000円	15万円	17万5,000円
700万円	11万7,000円	14万6,000円	17万5,000円	20万4,000円
800万円	13万3,000円	16万7,000円	20万円	23万3,000円

30%以上は借りすぎ！

負担額は、できるだけ20%以内に収めましょう。

に融資がおりる傾向があります。たしかに、たくさんお金を借りれば、ワンランク上の住まいに手が届くかもしれません。しかし、そうして多く借りれば借りるほど、毎月の支払額が増えます。

ただでさえ収入が不安定な時代です。**借入金額はできれば年収の5倍まで、都心などで物件価格が高いところでも6倍までに抑えておきたい**ところです。

毎月の無理のない返済額についても押さえておきましょう。

年収に占める住宅ローンの年間返済額の割合を「**返済負担率**」といいます。金融機関は、住宅ローンを借りる人の年収の35%

程度まで貸してくれるといわれています（年収400万円以上の場合）。昔は、家賃は「月収の3分の1まで」が目安といわれていました。しかし給料が右肩上がりになる時代ではなくなった現在、それでは返済が苦しくなると考えられます。

返済負担率は**一般的に25％程度まで**は無理がないとされています。しかし、住宅ローン以外の費用も考慮すると、**できれば20％以内に収めたい**ところです。

たとえば、年収500万円の人が返済負担率20％で借りるとすると、年間の返済額は100万円。月換算すると約8万3000円となります。

銀行から借りられる額と、無理なく返せる額は違います。そのことを押さえたうえで、無理のない住宅ローンを組みましょう。

5 minutes action
今すぐできる、5分アクション

自分の「毎月の無理のない返済額」を計算しよう

Get rich with
just 5 minutes per day

DAY 33

家を買うなら変動金利と固定金利、どっちがいいですか？

金利の低い今のうちに借りるなら固定金利がおすすめ！

住宅ローンの金利には、大きく分けると「**固定金利**」と「**変動金利**」の2つがあります。どちらを選ぶか、よく悩んでいる方を目にします。

固定金利は、返済期間中の金利が固定されていて変わらないタイプの金利です。返済期間中ずっと金利が固定されている「全期間固定型」や、5年・10年・15年・20年などと金利の固定期間が決まっている「固定金利期間選択型」があります。固定金利期間選択型では、金利の固定期間が終わったら、以後の金利を変動金利にするか、その時点の金利水準で再計算された固定金利にするかを選べます。

対する**変動金利は、返済期間中に金利が変動するタイプの金利です。**ほとんどの住宅ローンでは半年ごとに金利が見直されます。とはいえ、実際に返済額が変わるのは5年に1度です。そのうえ、万が一金利が急上昇して「返済額が2倍になった」というのではとても返済できませんので、返済額の上昇幅は1・25倍までと決められています。

国のマイナス金利政策の影響もあり、住宅ローンの金利は史上最低といえるレベルです。

・フラット35が1・310%（借入期間21年以上35年未満の最低値）
・35年固定金利はみずほ銀行「全期間固定プラン」1・15%（固定31〜35年の最優遇金利）
・変動金利は0・4%程度

などと、低い水準が続いています（いずれも2020年12月時点）。

単純に金利だけ見れば変動金利のほうがお得ですが、これ以上金利水準が下がるのかという観点で考えると、固定金利ももはや下げようのない水準まで来ているといえるでしょう。

もちろん、これから金利が上昇するとも限らないわけですが、無理に変動金利にして、

住宅ローンの借り換えシミュレーション

**ローン残高3,000万円（ボーナス払いなし）借入残期間25年のとき
金利年1.0％から年0.7%のローンに乗り換えたら？**

	毎月返済額	総返済額
借り換え前（金利年1.0%）	11万3,061円	3,391万8,377円
借り換え後（金利年0.7%）	10万9,034円	3,271万94円
差額（メリット）	4,072円	120万8,283円

仮に諸費用が80万円だったとしても…

40万8,283円のメリットがある！


金利が上昇するリスクを抱える必要もありません。つまり、**これから住宅ローンを借りるなら、固定金利で良いと考えます。**

　もっとも、変動金利も魅力です。どうしても変動金利でという場合は、金利上昇に備える意味でも、借りすぎに気をつけましょう。5年後に金利がどれだけ上がっていても、毎月の返済金額は1・25倍までしか上がりません。とはいえこれは、毎月変動金利で10万円ずつ返済している人ならば、返済金額が12万5000円になるということです。

　このとき「12万5000円になっても返済できる」のであれば、変動金利で借りてもとりあえずは大丈夫でしょう。さらに5

年後、次の金利上昇に備えた行動をとることもできます。しかし「12万5000円は厳しい」のであれば、将来の変化に対応できているとはいえません。借りすぎだと判断できる、というわけです。

なお、**すでに住宅ローンを借りている人は、借り換えを検討しましょう。**借り換えによって、金利が0・3％以上少なくなるならば、住宅ローンの借り換えをしたほうがよいでしょう。なお、他に「住宅ローンの残債期間が10年以上」「ローン残高が1000万円以上」あることが条件です。

5 minutes action
今すぐできる、5分アクション

①これから住宅ローンを借りるなら、固定金利がいくらかを調べよう
②すでに住宅ローンを借りているなら、自分の金利がいくらかを調べよう

Get rich with
just 5 minutes per day

DAY 34

マイカーを持つべきか？持たないべきか？

都心なら不要、地方なら持たざるをえません。マイカーは出費がかさみます

最近はマイカーを持たなくても、レンタカーを借りたり、カーシェアリングをしたりすることもできるため、必ずしも車を買う必要もなくなってきています。

費用面で考えると、どうしてもマイカーのほうが高くなってしまいます。

マイカーはまず、当たり前ですが、購入費用がかかります。金額は車種によってまちまちですが、新車なら１５０万～３００万円くらいは必要です。５年程度のローンを組んで返済していくので、これだけで毎月数万円の出費になります。

次に**駐車場代**。自宅に駐車スペースがあるという場合にはかかりませんが、都内で借り

マイカー・レンタカー・カーシェアリングの比較表

	マイカー	レンタカー	カーシェア
トータルの費用	×	◎	◎
◎マイカーは購入費用だけでなく維持費も高い　◎レンタカー・カーシェアリングのほうが安い			
メンテナンスの手間	△	◎	◎
レンタカー・カーシェアリングは自分でメンテナンスする必要がない			
使いたいときに使えるか	◎	×	△
マイカーはいつでも自由に使えるがレンタカー・カーシェアリングは貸出中の場合借りられないことも			
長期利用	◎	◎	△
カーシェアリングの場合、長くても3日程度までになることが多い			
事故時の出費	×	◎	△
◎マイカーでは保険に入るが、事故後に保険料が値上がりする ◎レンタカーは保険完備のため、もっとも負担は少ない ◎カーシェアは2回目の事故で退会処分などの規定があるところもある			

マイカーはどうしても出費がかさむ…。

ようとすると毎月3万円以上することも。

その他の地域でも数千～1万円程度は毎月かかります。加えて、**毎年の自動車税が車の排気量によって3万～5万円、自動車保険もおおよそ年3万～5万円、数年に一度の車検では10万円以上もかかってしまいます。**ここまでが車の固定費です。

さらに、乗ればガソリン代がかかりますし、オイル交換やタイヤ交換、洗車などのメンテナンス費用もそのつどかかります。

こうしてみると、マイカーは相当の「金食い虫」だとわかるでしょう。

その点、レンタカーならば数時間単位で車を借りて乗ることが可能。車種や時期などにも左右されますが、おおよそ6時間で5000円、1日で8000円程度で借りられます。マイカーにあった固定費やメンテナンス費用は一切不要です。

さらに、カーシェアリングならば10分単位、30分単位といった短時間の利用もできます。乗った分だけ支払えばいいので、効率的です。レンタカーと違って、ガソリンの「満タン返し」も不要になっています。

このように、**費用面で見ると圧倒的にマイカーが不利なのですが、だからといって必ずしもマイカーが不要かといえば、そうではありません。**マイカーとレンタカーのどちらを選ぶかは、生活によって変わるところが大きくあります。

たとえば、地方に住んでいる場合、公共交通機関があまり発達しておらず、車なしでは生活が成り立たないというケースも。また、レンタカーやカーシェアリングのサービス自体があまりないということもあるのです。このような場合は、マイカーのほうがいいというより、マイカーを持たざるをえないでしょう。マイカーを持つことは必要経費というわけです。

しかし、都内に住んでいて、「普段はあまり乗らないけど、週末にちょっと運転する」

といった程度でマイカーを持っているのであれば無駄です。レンタカーやカーシェアリングを利用することで、家計に余裕が生まれます。**自分がどんなシーンで、どのくらい車に乗るのかをよく考えて、**マイカーにするかレンタカーやカーシェアリングにするのかを決めましょう。

5 minutes action
今すぐできる、5分アクション

都市部在住なら、近隣で使えるレンタカーやカーシェアリングサービスを探そう

Get rich with just 5 minutes per day

LESSON 5

「まさか」のときに備える

Get rich with
just 5 minutes per day

DAY 35

知らないと損する「給付金」「手当」について教えてください

国の給付・手当は申請しなければもらえません。まずは何があるのかを知りましょう

結婚・出産・子育て・ケガ・転職・失業など、私たちが生きていく中には、人生の転機となるイベントがいろいろあります。そして、それらの**イベントの多くには、お金の問題がついて回ります**。中には、数十万円単位のお金が必要になるイベントもあります。もし急にそんな事態が発生したら、これからお金を貯め、増やそうとしているときに手痛い出費になることは間違いありません。

こんなときに役立つのが、国や自治体などが用意している給付金（補助金・助成金）・手当です。日本の公的保険（社会保障制度）はとても充実していて、人生の主だったイベ

実は、これだけの給付金・手当があります。

保険	主な給付金・補助金	もらえる金額の目安	申請先
雇用保険	育児休業給付	育休180日目まで… 賃金日額の67％×支給日数 育休181日目以降… 賃金日額の50％×支給日数	ほとんどの場合 会社で手続き
	失業給付	離職前6カ月の 賃金合計÷180×50～80％	ハローワーク
	再就職手当	失業給付の 支給算日数×50～60％ ×基本手当日額	ハローワーク
	教育訓練給付	一般教育訓練給付 ＝受講費用の20％ （最大10万円） 専門実践教育訓練給付 ＝受講費用の50％ （最大40万円×3年）	ハローワーク
	介護休業給付	賃金日額の40％ ×休業日数分（対象家族 1人につき通算93日まで）	ハローワーク
労災保険	休業補償給付	給付基礎日額の60％ ×休業日数（休業4日目より 給付基礎日額の80％）	労働基準監督署
	療養補償給付	治療にかかった費用全額	労災指定の医療機関 または労働基準監督署
健康保険	傷病手当金	標準報酬月額×2/3 ×支給日数（最大1年6カ月）	会社を通じて各種医療保険 の協会・組合に申請
	高額療養費制度	1カ月の医療費のうち、 自己負担限度額を 超えた部分の金額	医療機関または加入している保険者（健康保険組合、協会けんぽ、共済組合、国民健康保険など）

※P181で紹介する出産に関わる給付金も健康保険から支払われています

ントの際にはたいてい何かしらのお金を受け取ることができるようになっています。

とはいうものの、意外に知られていない制度もあります。もしも気づかずに届け出をしないと、お金は受け取れなくなってしまいます。

大切なのは、「自分で行動すること」です。届け出・手続きは面倒ですが、面倒くさがって届け出・手続きをしないと、もちろんお金はもらえないのですから、しっかり手続きしましょう。忘れずに申請しておくことで、急な出費を要するイベントもより楽に乗り越えることができるようになるでしょう。以下、ここまで紹介していないものについて、簡単に紹介します。

失業給付・再就職手当

会社を退職して、次の仕事先を探す際に、雇用保険から「**失業給付**」を受け取れます。正式名称は、「雇用保険の基本手当」といいます。

失業給付を受けるには、自己都合で離職した場合は、離職の日以前の2年間に、月11日以上働いた月が12カ月以上あることが必要です。会社都合で離職した場合は、離職の日以前の1年間に6カ月以上の被保険者期間があれば受け取れます。

また、就職の意思があることも必要になります。失業給付を受け取るにあたり、ハローワークに求職票と前職の離職票を提出し、就職活動を行う必要があります。

失業の認定は、**会社都合の離職の場合は、原則として手続きしてから7日後。自己都合の場合は、2カ月の待機期間＋7日後です**（なお、5年間に2回以上自己都合による退職をしている場合は、3回目以降は3カ月となります）。給付金の金額は、基本手当日額と呼ばれますが、**離職前6カ月のボーナスを除く賃金の合計を180で割った「賃金日額」をもとに計算されます**。また、所定給付日数も年齢や離職理由によって変わります。

また、失業給付を受け取っているときに再就職が決まると、**「再就職手当」**を受け取ることができます。再就職する日の前日までの失業給付の所定給付日数が総給付日数の3分の2以上あれば支給残日数×基本手当日額×60％、3分の1以上あれば支給残日数×基本手当日額×50％の金額を受け取れます。再就職手当の申請期限は、就職した日の翌日から1カ月以内ですので注意が必要です。

教育訓練給付

キャリアアップを目指す人が、自分で費用を負担して、厚生労働大臣が指定する教育訓練講座を受講し終了した場合、その経費の一部が支給される制度が「教育訓練給付制度」です。**「一般教育訓練給付」**と**「専門実践教育訓練給付」**の2種類があり、雇用保険の期間などによって利用できる給付が異なります。また、受け取れる金額も異なります。

一般教育訓練給付は、**雇用保険に原則3年以上加入している人が教育訓練講座を終了した場合に受講費用の20%が支給される**（最大10万円、4000円以下は支給なし）というものです。たとえば、受講費用が20万円の場合、20万円×20%＝4万円が支給されます。

専門実践教育訓練給付は、訓練費用の50%（年間40万円を上限、最長3年間給付）が給付され、さらに訓練終了・資格取得後、1年以内に就職につながった場合は、追加で20%が給付されます。なお、一般教育訓練給付との同時利用はできません。はじめて制度を利用する場合は、雇用保険への加入期間が2年以上あれば利用できます。過去に同制度を活用していたり、一般教育訓練給付を利用したりしている人は、雇用保険に原則10年以上の加入期間が必要になります。

傷病手当金

傷病手当金は、健康保険に加入している人が、**「業務外」のケガや病気で連続する3日間を含む4日以上仕事を休んだ場合に健康保険に申請すると受け取れます。**ただし、次の条件をすべてクリアする必要があります。

①業務外のケガや病気であること

業務内のケガや病気の場合は**労災保険**からの給付が受けられます。

②連続する3日間を含めて4日以上仕事を休むこと

ここでいう3日間は「待機期間」と呼びます。傷病手当金は、この待機期間を過ぎた4日目から受け取ることができます。途中で出勤するなどして、待機期間を連続3日間とっていないと、支給されません。

③会社から給与が出ていないこと

傷病手当金は給与がない（少ない）場合の補てんをする給付金制度ですので、給与をもらっている場合はもらえません。給与が傷病手当金の金額より少ない場合は、給与と傷病手当金の差額が受け取れます。

傷病手当金の1日あたりの金額は標準報酬日額（標準報酬月額を30で割った数値）の3分の2です。標準報酬日額が1万円の人の場合、1日あたり約6666円が受け取れます。

高額療養費制度

高額療養費制度とは、**被保険者や被扶養者の1カ月あたりの医療費自己負担額が、一定額を超えた場合に、超えた分が払い戻される制度**です。自己負担額の上限は、年齢（70歳

高額療養費制度の上限額

69歳以下の方の上限額

	適用区分	ひと月の上限額（世帯ごと）
ア	**年収 1,160万円～** 健保：標報 83万円以上 国保：旧ただし書き所得901万円超	25万2,600円＋（医療費－84万2,000円）×1%
イ	**年収約770～約1,160万円** 健保：標報 53～79万円 国保：旧ただし書き所得600～901万円	16万7,400円＋（医療費－55万8,000円）×1%
ウ	**年収約370～約770万円** 健保：標報28～50万円 国保：旧ただし書き所得210～600万円	8万100円＋（医療費－26万7,000円）×1%
エ	**～年収約370万円** 健保：標報26万円以下 国保：旧ただし書き所得210万円以下	5万7,600円
オ	**住民税非課税者**	3万5,400円

上限額は、年収によって異なります。

出所：協会けんぽ

未満か70歳以上か）や、所得の水準で異なります。

たとえば、年収約３７０万～７７０万円の人が、１カ月で１００万円の医療費がかかり、３割負担によって30万円を支払った場合、この制度で、最終的な自己負担額は８万７４３０円程度になります。残りの約21万円は申請することで戻ってきます。

ただし、入院時の食事代や差額ベッド代といった保険の対象にならないものは、制度の対象外なので注意しましょう。

高額療養費制度を使うには、加入している公的保険にみずから請求する必要があります。払い戻しには、診療月から通常３カ月程度かかります。なお、請求の時効は2年です。

一時的にとはいえ、高額の医療費を立て替えるのが大変だという人は、事前に加入している健康保険に申請し、**「限度額適用認定証」**を発行してもらいましょう。認定証を病院の窓口に提出することで、自己負担限度額までの負担ですみます。

これまで紹介してきたように、日本の公的保険（社会保障制度）は手厚いことがおわかりいただけたことでしょう。

これらを踏まえて、保障が足りていない部分を民間の保険や貯蓄で備えることになりますが、過度に民間の保険で備える必要はありません。このLESSON5で詳しく解説していきます。

5 minutes action
今すぐできる、5分アクション

①今すぐ活用できる制度がないか確認しよう

②万が一失業したときに、失業保険がいくらもらえるのか調べよう

Get rich with
just 5 minutes per day

DAY 36

子育てに関する助成金ってなにがあるんですか?

知らないと損をする公的支援がたくさんあります！忘れずに受け取りましょう

子どもの誕生は嬉しいものですが、同時についてまわるのがお金の問題。妊娠・出産・教育と、お金は何かとかかります。しかし、**近年は公的な支援が充実しています。**これらを活用すれば負担をかなり軽減することができます。

ただし、**これらの支援は自分で届け出をしないと一切受け取れません。**つまり、制度を知らなかったり、申請の期限を過ぎてしまったりしたら、もらえるものも、もらえなくなってしまいます。ですから、忘れずに申請をしましょう。

具体的には、次のようなお金がもらえます。

妊婦健診費用の助成

妊娠すると、病院で妊娠の経過が順調かを確認するために「妊婦健診」を受けることになります。厚生労働省は「標準的な〝妊婦健診〟の例」として、14回のスケジュールを提示しています。

1回の健診費用は5000〜1万円程度と、決して安くありません。しかも、保険が適用されないので全額自己負担になります。しかし、**多くの自治体では妊婦健診の補助券を配布しています**。これを利用すれば妊婦健診が安く（あるいは無料で）受けられるようになります。

助成の内容はお住まいの自治体によって異なります。また、14回を超える健診や、基本的な内容を超える検査については実費負担となることが多いようです。このあたりは、住んでいる地域の保健センターに確認してください。

出産育児一時金

出産育児一時金は、健康保険や国民健康保険に加入していて、妊娠22週以上で出産する方が受け取れるお金。夫の扶養に入っている人は夫の加入する健康保険から支給されます。金額は基本的に、**子ども1人につき42万円（利用している医療機関が産科医療補償制度を導入していない場合は40万4000円）**です。「1人につき」ですから、双子の場合は84万円が受け取れます。一般的に、出産にかかる費用は50万円程度ですから、これで分娩費用はほとんどまかなえます。なお、仮に早産・死産・流産・人工妊娠中絶となった場合でも受け取れます。

出産育児一時金は、出産前に病院に申請することで、病院に直接支払ってもらい、出産費用の一部に充当することができます。出産費用が42万円以上だった場合は、差額を支払えばよくなるので、持ち出しが少なくてすみます。

なお、出産育児一時金を申請し忘れた方は、出産後2年以内に申請すれば受け取ることができます。

出産手当金

「産前の6週間（42日）と産後の8週間（56日）」の合わせて98日はいわゆる産休として、休むことが認められています。とくに産後の6週間は、必ず休まなければいけないと法律で定められています。しかし、産休を取っても、会社はその間給料を支払うことを義務づけられていません。つまり、産休を取ったのはいいけれど、収入が途絶えてしまうこともありえるのです。

このような産休中の給料を補うのが**出産手当金**です。健康保険に入っていれば、**会社を休んだ日数分、標準報酬月額（毎年4〜6月の給与の平均額を「標準報酬月額表」の等級区分に当てはめたもの）の3分の2にあたる金額を受け取れます。**標準報酬月額は、給与明細などで確認できます。

たとえば、標準報酬月額30万円の場合、1日の産休でもらえる金額は6667円となります。98日間では、約65万3000円です。

なお、会社などからこの3分の2に満たない金額が支払われている場合は、合計で3分の2となるように支給額が調整されます。また、出産予定日より出産が遅れた場合は支給額が多くなり、早まった場合は少なくなります。

育児休業給付

産休が終わると、育休に入る方は多いでしょう。原則として、子どもが1歳になるまで育休を取ることができます。しかし、その間会社は給料を支払う義務はありません。この間の収入減をカバーするのが**「育児休業給付金」**です。

育休開始前の勤務日数や育休中の給与、育休後の職場復帰などの諸条件を満たせば、**育休の開始日から180日目までは賃金日額の67%、181日目からは賃金日額の50%を受け取れます。**

届け出は、2カ月に1回、勤務先を通じて行います。給付金は2カ月に1回、2カ月分を受け取れます。ただし、受け取り開始は、育休から4カ月ほどかかる場合もあります。

なお、育休の特典として、健康保険料や厚生年金保険料が免除されます。そのうえ、保険料を支払わないからといって、将来の年金が減るということはありません。

児童手当

児童手当は「0歳〜中学校修了（15歳に到達後の最初の年度末）まで」の児童を養う保護者が受け取れる手当金です。1カ月あたりの金額は次のとおりです。

0〜3歳未満：一律1万5000円
3歳〜小学校修了前
（第2子まで）：1万円
（第3子以降）：1万5000円
中学生：一律1万円
所得制限額以上（例）専業主婦と児童2人（扶養親族の数が3人）の場合
年間の収入が960万円以上：一律5000円

年3回、2月・6月・10月に4カ月分がまとめて支給されます。

なお、**毎年「現況届」という書類を提出しないと支給が受けられません**ので注意しま

子育てに関する公的支援制度まとめ

知らないと損する、子育て支援制度！

もらえるお金の目安

名称	いくらもらえる？	どんな人がもらえる？
妊婦健診費の助成	妊娠中の健診費用の 一部または全額無料	妊婦（妊娠届出または申請が必要）
出産育児一時金	出産1人につき42万円 （産科医療補償制度対象外の 出産の場合は40万4,000円）	健康保険に加入しているか 被扶養者になっている人
児童手当	3歳未満は子ども1人あたり 月1万5,000円 3歳～小学校修了前：1万円 （第3子以降1万5,000円） 中学生：1万円	中学3年生までの子どもを持つ人 （所得制限あり）
出産手当金	産休前の月給が25万円の場合 約57万円	勤務先の健康保険加入者本人で 産休を取る人
育児休業給付金	産休前の月給が25万円の場合 総額約126万円	雇用保険に1年以上加入（※1） していて育児休業を取る人
失業給付 受給期間の延長	退職前の月給が25万円、 勤続10年未満の場合 総額約45万円	雇用保険に1年以上加入（※1）していて 妊娠・出産退職し、復職の意思がある人
乳幼児医療費助成	かかった医療費の 一部または全額無料	健康保険に加入している子ども （年齢などは自治体により異なる）
医療費控除	医療費控除額が13万円、 税率10％の場合、1万3,000円	所得税を払っていて、 1年間の家族全員の医療費が 合計10万円を超えた場合（※2）
児童扶養手当	子ども1人の場合 最高月4万1,550円	高校3年生までの子どもを育てている ひとり親（所得制限あり）

※1 休業・退職前の2年間のうち1カ月に11日以上働いた月が12カ月以上
※2 所得が200万円未満の場合は所得の5％

しょう。現況届は、住んでいる自治体から用紙が届くので、必要事項を記載し、本人確認書類の写しを添えて返送すればＯＫです。

子ども医療費助成制度（乳幼児医療費助成制度）

子どもには病気やケガがつきもの。医療機関にかかることも多いでしょう。その費用を負担してくれるのが**「子ども医療費助成制度」**です。

子どもが生まれたら、会社などで健康保険の加入手続きをします。その後発行された子どもの保険証を持って、役所などで手続きをします。すると「子ども医療費受給者証」といった保険証を別に発行してくれます。これを**子どもの診療時に窓口に提出すると、診療費や薬代などが無料になります。**

自治体により、何歳まで無料になるかが違います。中学を卒業するまで（15歳を迎えたあと、最初の3月31日になるまで）とするところが多いようですが、小学校卒業まで、高校卒業までというケースもあります。できるだけ長く無料になったほうがありがたいものですので、自治体に確認してみましょう。

こうした公的支援制度で得をしたからといって、お金を無駄遣いするのは禁物です。先々にかかる教育費を見越してお金を貯め、増やすことを考えましょう。

5 minutes action
今すぐできる、5分アクション

①届け出をしていない制度がないか確認しよう
②住んでいる自治体独自の子育て支援制度がないか調べよう

DAY 37

まさかのときのために、なにをどのくらい備えるべき？

過度に民間の保険に入るのはＮＧ。基本は貯蓄で備えましょう

生命保険文化センターによると、**なんらかの生命保険に入っている人は82・1%**（「生活保障に関する調査（速報板）」２０１９年度）。年間に支払っている世帯あたりの保険料の平均は年間38万２０００円（月額約３万２０００円）です（「生命保険に関する全国実態調査」２０１８年度）。

保険の契約は長いものです。年間38万２０００円の保険料も、30年支払うと１１４６万円、40年なら１５２８万円にもなります。たとえ**月３万円程度であったとしても、積もれば結構な金額になっていく**ことがわかります。

にもかかわらず、保険は「万が一のことがあったら大変だから」と必要以上に加入したり、「なんだかよくわからないけど」と意味もなく加入したりして、そのままにしている方が多くいます。これでは、**本来は貯蓄に回せるお金が保険料になってしまっているので、いつまでもお金は貯まっていきません。**

保険で大切なのは、**「もしものときにお金で困ることに備える」**ことです。

たとえば、20代独身の方が亡くなっても、子どもも扶養する家族もいないので、お金で困る人はほとんどいません。となると、死亡保障はまずいらないはずです。逆に、子どもや扶養する家族がいる方が亡くなった場合、残された家族が経済的に困るようであれば、死亡保障を考えるべきかもしれません。このように、ライフステージごとに必要な保障は変わるので、そのつど「何があったら困るのか」「お金がどのくらいかかるのか」「保険が必要なのか」といったことを考える必要があるのです。

万が一のことに対し「必ず保険で備えなくてはいけない」というわけではありません。

貯蓄は三角、保険は四角

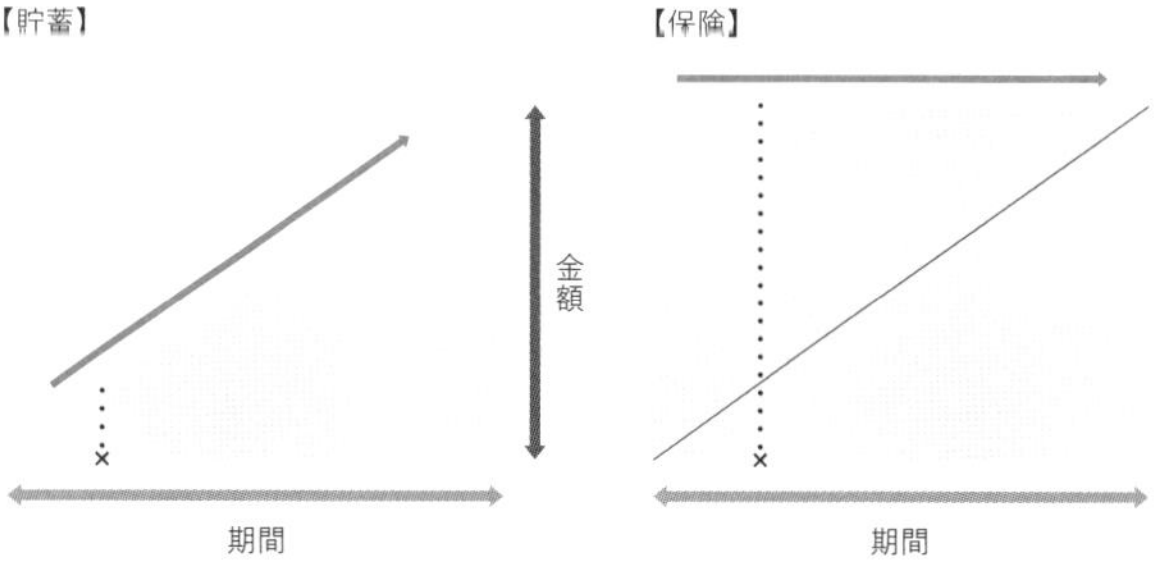

時間とともに少しずつ貯まっていく。いつでも使えるが、少ないときに万が一のことがあっても、使える金額は少ない

加入時から受け取れる金額は一定なので、万が一のことがあったときには安心。ただし、万が一のときしか使えない

基本は貯蓄で、足りない部分を保険でカバーしましょう。

その分の**お金を貯蓄で用意できるなら、保険は不要です。**目安となる貯蓄の金額は生活費の半年〜1年分。できれば1年分あると、たとえ収入が途絶えても次への行動をとりやすくなります。

よく「**貯蓄は三角、保険は四角**」といわれます。貯蓄は、時間をかけて少しずつ貯まっていきます。いつでも使えますが、金額が少ないときに万が一のことがあったら、お金が足りなくなる恐れがあります。それに対して保険は、加入すればすぐに必要な金額が用意できます。保険に加入してすぐに保険金をもらうような事故が起きるなら経済的にはプラスですが、いつ事故が起き

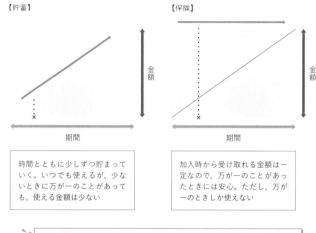

るなんてわかりませんよね。そして、事故が起きなければ支払った保険料は掛け捨てであれば戻ってきません。保険に入っていなければそのお金は貯蓄に回せていたお金です。ですから、**基本的には貯蓄で備えつつ、貯蓄では足りない部分だけを保険で用意しておけばいい**のです。

なお、お金を貯めたいからと、貯蓄型保険を選ぶのもNGです。

保険には、保障を用意しつつ貯蓄もできる**貯蓄型終身保険**と、保障のみを用意する**終身保険（掛け捨て型）**があります。これだけ聞くと貯蓄型保険のほうがよさそうに見えるでしょう。しかし貯蓄型保険は、満期・解約の際のお金を積み立てるため、保険料が掛け捨て型より5倍以上も高くなるケースもあります。また、貯蓄型保険は基本的に中途解約で元本割れします。これなら、**貯蓄型保険ではなくその保険料の分を、預金や投資に回したほうが有利**です。

では、具体的にはどのような保障を用意すればいいのでしょうか。また、貯蓄と保険、どちらで用意すべきなのでしょうか。

まず、先ほども少し触れましたが、子どもや扶養する家族がいるという場合には、死亡保険が必要です。若い方が亡くなる可能性は、年配の方が亡くなる可能性よりも低いのですが、それでも、ゼロではありません。とくに、貯蓄が少ない若いうちに亡くなってしまうということがあると、遺された家族は生活できなくなる可能性があります。**貯蓄で用意できないうちは、死亡保険（定期）や収入保障保険で用意する必要があるでしょう。**

また、がんなどの大病や、大きなケガなどで働けなくなった場合も同様です。公的な支援制度もありますが、それで足りない部分は貯蓄やがん保険でのカバーが欠かせません。

次に、老後への備えも大切です。老後は年金を受け取れますが、年金だけでは生活ができないことはすでにお話ししたとおりです。**年金で不足する分は保険ではなく、貯蓄やiDeCo・つみたてNISAといった制度を活用して貯めていきましょう。**

そして、介護にも備えておくべきでしょう。介護は絶対必要になるとは限りませんが、必要になった場合には相応の負担があります。国の公的介護保険制度である程度の費用が助成されますが、不足分は自分で補わなくてはなりません。民間の介護保険もありますが、それよりも老後の備えのひとつとして、貯蓄で用意することを考えていきましょう。

今すぐできる、5分アクション
5 minutes action

今、本当に必要な保険は何かを考えよう

Get rich with
just 5 minutes per day

DAY 38

とりあえず生命保険に入って、そのままになっています

保険はライフステージの変化に合わせて見直しましょう

「とりあえず生命保険に入って、そのままになっています」という方はご相談者の中にも結構多いです。もしも、ライフステージが変わっているのに、生命保険やその他の保険を見直していないとしたら、もらえる保険金が十分ではなくなっていたり、余計な保障に対してお金を支払ったりしている可能性があります。**人生の中で、必要な保障は変わるのですから、保険もそのつど見直しましょう。**

保険を見直すタイミングは、たとえば次のようなときです。

❶就職したとき

学生のうちは親が自分の分の保険に加入していた、という人がほとんどです。就職し、社会人になったら、親の扶養から外れて社会保険を支払うようになります。この時期に一度、どんな保険が必要か、加入すべきか考えましょう。

もっとも、お話ししてきたとおり、**独身で扶養する家族もいないのですから、死亡保険や医療保険などは不要。**入るとすればがん保険など、万が一の際の支出が多くなるものだけで十分でしょう。

❷子どもが生まれたとき

結婚して家族ができたら、自分の死亡後の生活費を補う定期保険や収入保障保険などの加入を考える時期です。さらに、子どもが生まれると、親としての責任も出てくることでしょう。とくに貯蓄が少ない状況であれば、もしものときに家族が困ることのないように、**掛け捨ての保険を選んで保障をつけておく**といいでしょう。

ただし、国民年金・厚生年金・健康保険などの社会保障制度で準備されている保障もあります。また、とくに大手の会社であれば、福利厚生の一環として保障が準備されているという恵まれたケースもあります。これらの金額を踏まえたうえで、過剰に入らないように注意しましょう。

なお、自営業・フリーランスの場合、社会保障制度の保障が会社員より少ないので、保障額を増やすなどして、保障が不足しないように気をつけましょう。

❸住宅を購入したとき

住宅ローンを購入すると、通常は団体信用生命保険（団信）という保険に加入します。団信の契約者が亡くなると、住宅ローンの残債部分が一括で返済されるので、以後の住居費の支払いがなくなります。その分、他の保険の死亡保障を減らすことができます。

近年はがん、三大疾病、八大疾病など、所定の病気となった場合に保険金が受け取れる、保障の幅の広い団信もあります。**がん保険や医療保険に加入している方は積極的に見直したいところです**。ただし、保障の幅を広げると保険料も値上がりするので、どこまで団信で保障されるのかを確認しましょう。

❹子どもが無事独立・就職したとき

子どもが無事独立したら、家族の生活を守るための保障はいらなくなります。夫婦の死亡保障は減らせるでしょう。**貯蓄が十分あれば、死亡保障はなくてもいい**ほどです。むしろそれによって節約できた保険料をｉＤｅＣｏやつみたてＮＩＳＡなどの貯蓄に回して、老後資金の上乗せを目指すのもいいでしょう。

❺退職したとき

退職すると収入が減るので、家計の見直しと同時に保険の見直しも行いたいタイミングです。これまでの貯蓄や退職金などで**必要なお金がまかなえそうであれば、保険は不要**です。しかし、もしどちらかが亡くなったことで生活費や医療費などが足りなくなる、ということがあれば、その不足を補う分だけ加入しておくのもいいでしょう。

保険の見直しは、これらのようなライフステージが変わるタイミングで、そのつど行いましょう。保険を見直すときは、次の５つのステップに沿って行うといいでしょう。

保険を見直すときの5つのステップ

①今必要な（ないと困る）保険の内容を考える

不測の事態があっても困らないようにするためには、どんな保障が必要かを検討する

▼

②いつまで必要かを考える

たとえば「子どもが大学を卒業するまで」など、なるべく具体的に期限を考える

▼

③いくら必要かを考える

不測の事態で困らないようにするにはいくら必要か、おおよその金額を見積もる

▼

④現在加入中の保険の内容を確認する

今加入している保険で①〜③がカバーできるのかを見比べて検討する

▼

⑤保障内容の過不足を調整する

保障が多かったり、重複していたりしたら解約。逆に保障が不足していたら新たに加入する

ライフステージが変わるたびに見直しましょう！

もし今の契約では必要な金額より多すぎるならば、保障額を減らすことで保険料を安くすることができます。逆に、必要な金額が少ない場合は、保障額を増やしたり、特約などを追加したりして十分な保障が得られるように見直していきます。また保険料を安くしたいという場合は、掛け捨て型の保険・ネットの保険・共済保険などに乗り換えると、保険料が圧縮できる場合があります。

5 minutes action
今すぐできる、5分アクション

自分が今、何種類の保険に入っているのか確認し、見直せるものがあるか考えよう

Get rich with
just 5 minutes per day

DAY 39

働けなくなったときの備えはどうするべき？

基本は給付金＋貯蓄で十分。実は医療保険は必要ありません

今は元気に働いている方でも、ケガや病気で働けなくなることがあるかもしれません。そんなとき、真っ先に心配になるのはお金のことでしょう。**仕事ができず、収入が途絶えてしまえば、生活が成り立たなくなってしまいます。**

とはいえ、ＤＡＹ35で紹介した公的保険がけっこう手厚いのも事実です。たとえば、ケガや病気で給料が出ない場合には傷病手当金があります。傷病手当金はうつ病のような精神疾患も対象になるなど、幅広く活用できます。また、休業補償給付を利用すれば、毎月の賃金の80％が受け取れます。

これらの給付金を利用しても足りない部分は、貯蓄で補えるはずです。たしかに、民間の保険にもケガや病気の際に保険金が受け取れる「**医療保険**」があります。しかし、そもそもケガや病気の治療費は健康保険があるため、3割負担ですみます。また、治療費が高額になっても高額療養費制度があるため、経済的な負担はそれほどありません。**医療費は貯蓄で備えられます。**

ただし、がんのような大病に対する備えを用意したい場合は、これだけでは心配かもしれません。近年のがん治療は、入院・手術といった治療だけでなく、**通院による治療や自己負担で受けられる治療なども出てきており、多様化しています。ただ、これらの費用は医療保険や公的医療保険ではまかなえない可能性があります。**また、重粒子線治療や陽子線治療といった先進医療の治療費は健康保険の対象外なので、全額自己負担となります。これらの費用を保障してくれる保険に「**がん保険**」があります。

がん保険の大きなメリットは、がんと診断された場合に診断一時金を受け取れることです。診断一時金は用途が限定されていない場合が多いため、生活費に充てることもできます。**がん保険を選ぶ際には、診断一時金が用意されている商品を選ぶとよいでしょう。**診断一時金給付タイプのがん保険なら、本稿執筆時点では、ＦＷＤ富士生命の「新がんベスト・ゴールドα」がおすすめです。

また、公的年金では高度障害になった際に「**障害年金**」を受け取れます。障害年金は、病気やケガによって生活や仕事などが制限されるようになった場合に、現役世代の方も含めて受け取れる年金です。国民年金加入者は障害基礎年金、厚生年金加入者は障害基礎年金に加えて障害厚生年金を受け取れます。

もらえる金額は障害の等級によって異なります。原則として障害の原因となった疾病の初診日から1年6カ月経過後（障害認定日）に障害の程度を決定します。１級障害と認定された場合は、本来の老齢基礎年金・老齢厚生年金の1・25倍の金額が受け取れます。

これらを踏まえて、働けなくなったときのリスクのために活用すべき制度は、**会社員・公務員の方はiDeCo（イデコ・個人型確定拠出年金）**、**フリーランスの方は小規模企業共済**です。ｉＤｅＣｏは老齢給付金に限らず、高度障害になった際には給付金を受け取れます。

iDeCoの「障害給付金」

iDeCoの掛金は原則として60歳になるまで受け取れませんが、一定以上の障害状態になった場合は、60歳前でも障害給付金として受け取れます。障害給付金は一時金で受け取っても年金で受け取っても非課税ですが、受け取れる金額はそれまでに運用してきた資産の分だけ。とくに上乗せはありません。なお、障害給付金の受け取りを始めると、以後は掛金の拠出ができなくなります。

小規模企業共済の「共済金」「解約手当金」「貸付制度」

小規模企業共済は、自営業・フリーランスの退職金制度ともいわれる制度です。小規模企業共済を6カ月以上積み立てると、廃業した際に積み立てた金額に応じた共済金を受け取ることができます。さらに、12カ月以上積み立てれば、解約手当金を受け取ることも可能です。積み立てた掛金は全額所得控除（小規模企業共済等掛金控除）の対象になります。

小規模企業共済では、貸付制度を利用することで、緊急時に銀行よりも低金利でお金を借りることができます。病気やケガなどで働けない場合はもちろん、設備を増やしたい場合の資金調達にも使えます。

これらの制度への加入と貯蓄に加え、さらに保険で保障を厚くしたい場合に限り「就業不能保険」という選択肢があります。

就業不能保険

就業不能保険は、病気やケガで働けなくなった場合の治療費や、働けなくなった期間の収入を補ってくれる保険です。**就業不能保険に加入し毎月一定額の保険料を支払えば、指定の傷病や障害の際に、一定期間保険金を受け取れます。**

商品によって保険金を受け取れる期間が異なったり、受け取る条件が異なったりする場合があるので、加入前に確認しましょう。

5 minutes action
今すぐできる、5分アクション

医療保険に入っていたら、解約を含めて必要かどうか検討しよう

Get rich with
just 5 minutes per day

DAY 40

老後に備えて、今、なにをすべきですか？

老後資金の金額は、人によって異なります。まず自分がもらえる年金の額を知りましょう

２０１９年6月の金融庁の報告書がきっかけで、「**老後資金２０００万円不足問題**」が話題になりました。実は、公的年金だけでは老後資金が不足するという話は、専門家の間ではよく知られていました。それが改めて話題になったことで、多くの人が老後資金のことを考えるようになりました。

みなさんは、将来どのくらい公的年金をもらえるかご存じですか。50歳以上の人は、毎年誕生日近くに届く「**ねんきん定期便**」に、目安の金額が記載されています。50歳未満の

ねんきん定期便（表面）のイメージ

50歳未満

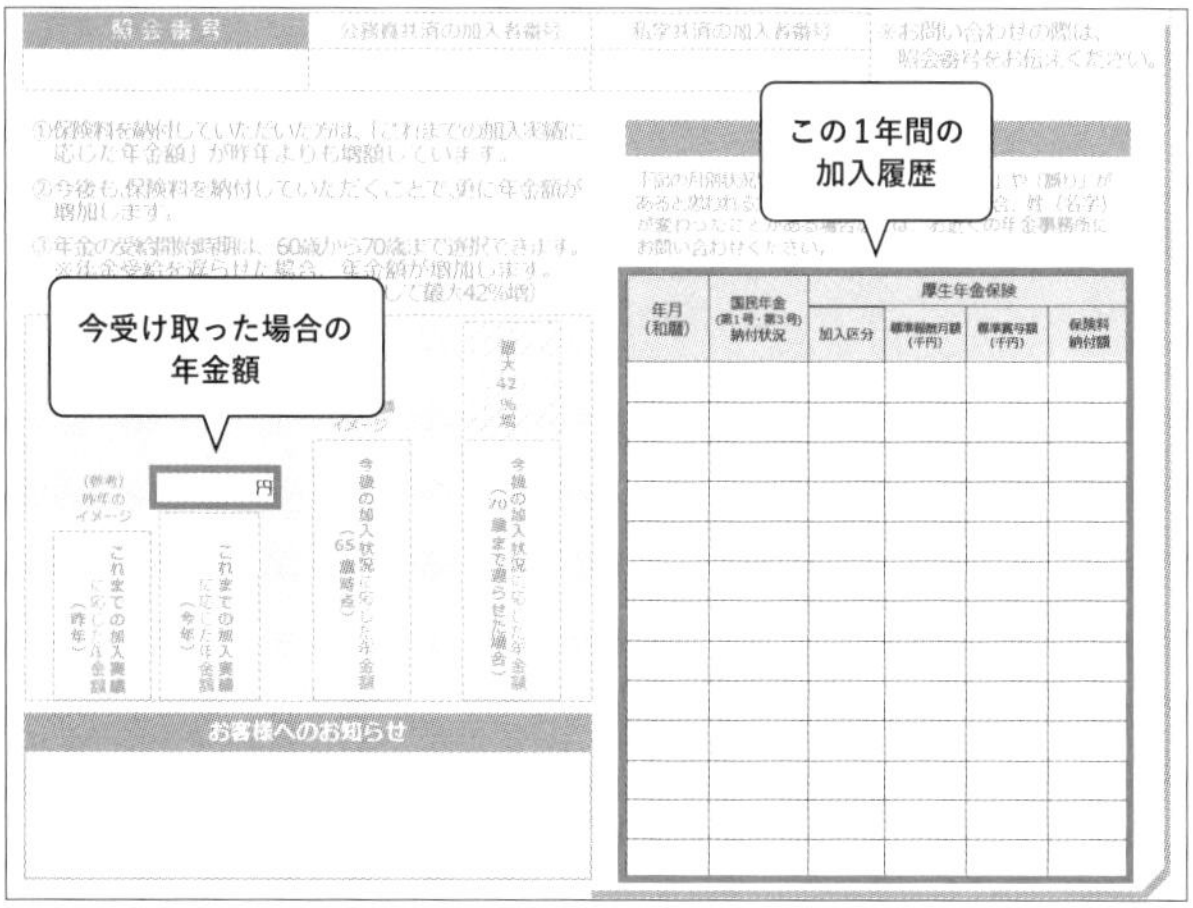

50歳以上

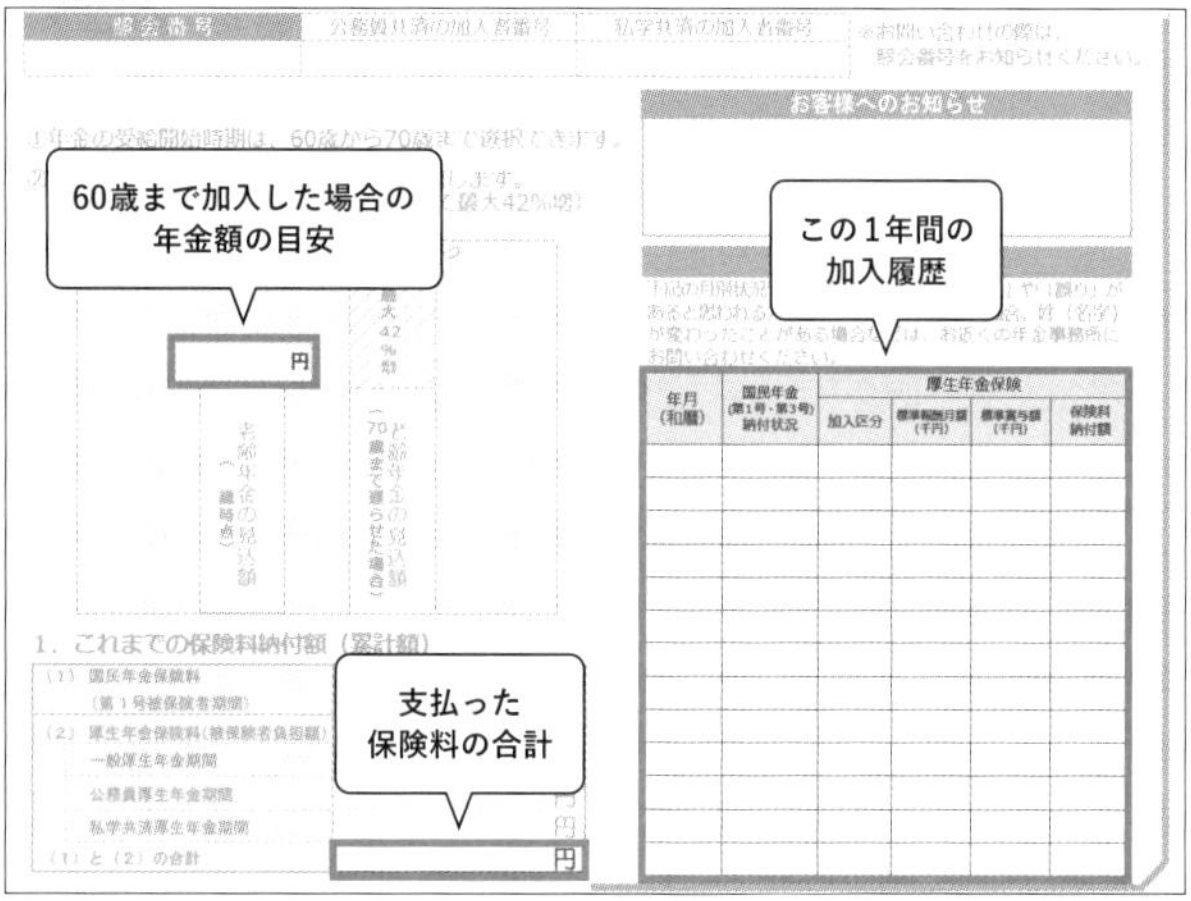

ねんきん定期便とねんきんネットで金額を把握できます。

方のねんきん定期便には、現時点で受け取った場合の金額しか書かれていないので、「**ねんきんネット**」でシミュレーションをするとおおよその金額がわかります。

チェックが面倒な方のために、次ページに年金予想額の早見表を用意したのでご利用ください。たとえば、平均年収450万円の方が30年厚生年金に加入していた場合、65歳から毎年もらえる年金額はおよそ153万1500円となります(国民年金の満額78万1700円(2020年度)を含んだ金額)。12で割って月額換算すると、約12万8000円とわかります。

「老後資金2000万円」が必要というのは、総務省「家計調査報告」の平均値にすぎません。用意すべき老後資金の金額は、人によって異なります。簡単に見積もってみましょう。

まずは毎年の老後の収入をチェックしましょう。

早見表をもとに公的年金の金額を計算し、iDeCoや企業型DCなどの私的年金がある場合はその金額を書き出しましょう。また、老後も働くという場合は、概算の給料を加

自分がいくら年金をもらえるか確認しましょう！

		厚生年金加入期間						
		5年	10年	15年	20年	25年	30年	35年
年収	200万円	83万7,600円	89万3,500円	94万9,400円	100万5,300円	106万1,200円	111万7,100円	117万3,000円
	250万円	85万700円	91万9,800円	98万8,900円	105万7,900円	112万7,000円	119万6,100円	126万5,100円
	300万円	86万3,900円	94万6,100円	102万8,300円	111万600円	119万2,800円	127万5,000円	135万7,200円
	350万円	87万7,100円	97万2,400円	106万7,800円	116万3,200円	125万8,500円	135万3,900円	144万9,300円
	400万円	89万200円	99万8,700円	110万7,300円	121万5,800円	132万4,300円	143万2,800円	154万1,400円
	450万円	90万6,700円	103万1,600円	115万6,600円	128万1,600円	140万6,500円	153万1,500円	165万6,500円
	500万円	91万9,800円	105万7,900円	119万6,100円	133万4,200円	147万2,300円	161万400円	174万8,500円
	550万円	93万3,000円	108万4,300円	123万5,500円	138万6,800円	153万8,100円	168万9,400円	184万600円
	600万円	94万6,100円	111万600円	127万5,000円	143万9,400円	160万3,900円	176万8,300円	193万2,700円
	650万円	95万9,300円	113万6,900円	131万4,500円	149万2,000円	166万9,600円	193万2,700円	202万4,800円
	700万円	97万2,400円	116万3,200円	135万3,900円	154万4,700円	173万5,400円	202万4,800円	211万6,900円

※国民年金満額（78万1,700円）と厚生年金の合計金額
※計算結果は目安です

えましょう。これらを合計した金額が老後の収入となります。

対する毎年の老後の支出は、とくに若い方などは想像もつかないかもしれません。総務省「家計調査」（２０１９年）によると、老後（70歳以上）の生活費は現役世代（50～59歳）の生活費の68・１％と示されているので、**大まかに今の生活費の70％で計算すればいいでしょう。**

毎年の老後の収入から老後の支出を引くと、年金では足りない金額がわかります。90歳まで生きると仮定して、毎年の不足分を26倍すると、65歳から90歳まで不足する金額がわかります。退職金がある場合は、この金額から引いてください。

さらに、もうひとつ用意したいお金があります。それは、**もしもの病気や介護に備えるお金**です。老後は体調を崩すリスクも高まります。介護が必要になることも考えられます。できれば、**１人５００万円**を見込んでおきたいところです。

「老後までに貯めたいお金」の金額

数字を入れて、老後までに貯めたい金額を計算しましょう。

①65歳以降の生活費 ※90歳まで必要と仮定

年金だけでは足りない金額 × 12カ月 × 26年間
円

……①

②もしもの病気や介護に備えるお金

300～500万円が目安 ……②

(①+②)－退職金 ＝65歳までに自分で用意しておきたい金額
円

家計調査報告（2019年）をもとに試算した老後資金

※退職金がない場合で試算

夫婦の場合

リタイアするまでに
最低2,100万円を貯めましょう！

65～90歳	3万3,000円 ×12カ月 × 26年＝1,029万円
もしものお金	500万円 × 2人分＝1,000万円

シングル
女性の場合

リタイアするまでに
最低1,400万円を貯めましょう！

65～90歳	2万7,000円 × 12カ月 × 26年＝842万円
もしものお金	500万円

総務省 家計調査報告（2019年）を元に試算

今すぐできる、5分アクション
5 minutes action

老後までに貯めたい金額を大まかに見積もろう

65歳から90歳までで不足する金額に、シングルなら500万円、夫婦なら1000万円を足した金額が、老後までに貯めたいお金となります。みなさんの老後までに貯めたいお金は、いくらでしたか。

Get rich with
just 5 minutes per day

DAY 41

確定拠出年金ってなんですか？

確定拠出年金は、公的年金だけでは足りない老後資金を補うための制度です

老後、国から毎年一定のお金（年金）をもらえる制度を**公的年金制度**といいます。公的年金制度では、今働いている世代（現役世代）の保険料を、高齢者世代などに支給しています。

公的年金制度には、20歳から60歳までのすべての人が加入する**国民年金**と、会社員や公務員が加入する**厚生年金**の2つがあります。加えて、公的年金に上乗せして個人や企業が任意で加入できる年金（私的年金・企業年金）がいくつかあります。

これまで話してきたとおり、老後のお金は公的年金だけではまず足りません。ですから、私的年金も活用して、老後資金を上乗せしようというわけです。

確定拠出年金は、私的年金のひとつです。

確定拠出年金の特徴は、加入者自身が運用商品を選択し、その運用成績次第で将来の受取額が変わるところです。公的年金などの場合、将来の受取額はある程度確定していますが、確定拠出年金の場合、確定しているのは毎月の掛金のみ。将来の年金の受取額は、自分が選んだ商品の運用成果にかかっています。

自分の選んだ商品の運用成績が良ければ、将来の受取額を増やすことができます。しかし、逆に運用成績が悪ければ、将来の受取額が減ることもあります。もっとも、株のデイトレーダーのように、毎日のように運用する必要はありません。商品を決めたら、あとはじっくりと育てていくのです。

確定拠出年金には、**個人型確定拠出年金（iDeCo）**と**企業型確定拠出年金（企業型DC）**の2種類があります。

両者は大まかにいうと、掛金を誰が負担するかが違います。企業型DCの掛金は、基本的に会社が負担します。従業員が上乗せで掛金を拠出することもできます。勤め先が企

日本の年金制度

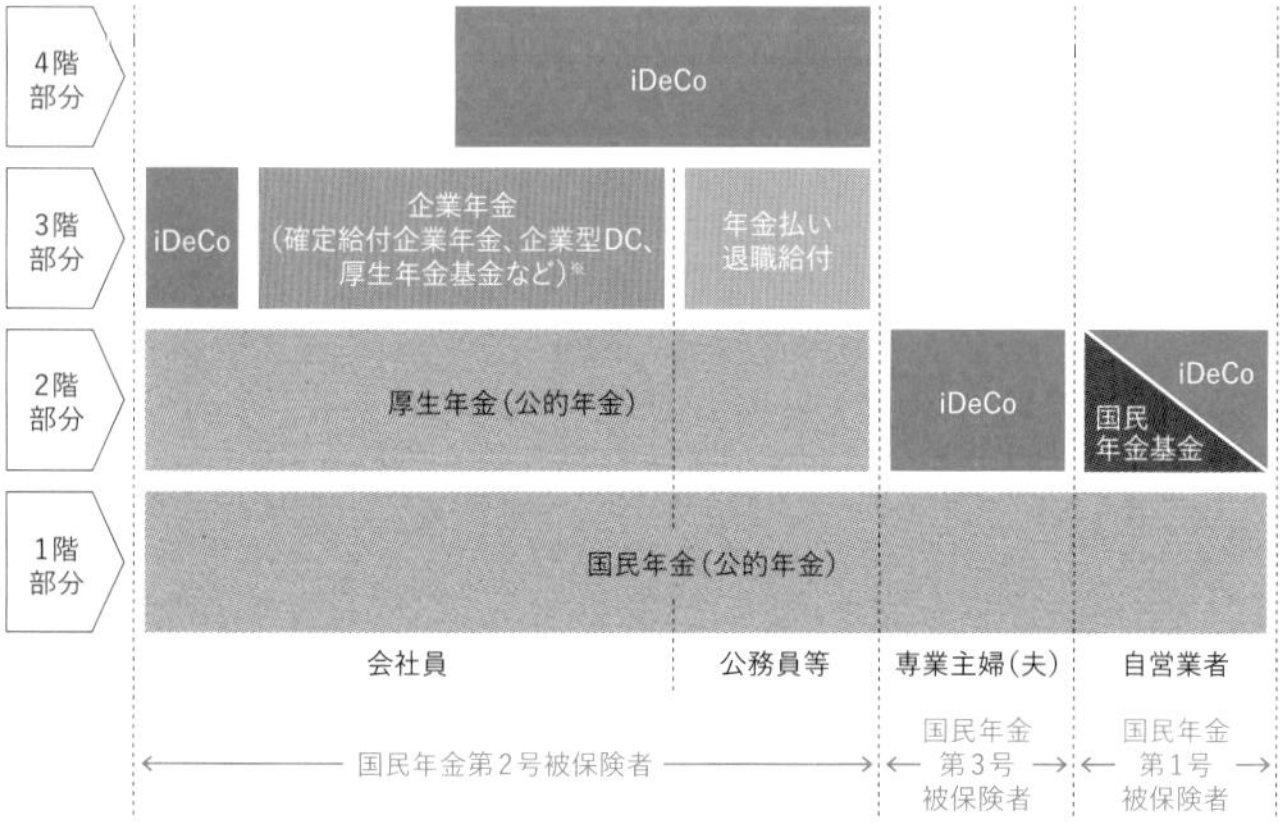

※企業型DC（企業型確定拠出年金）加入者がiDeCoに加入する場合は、一定の条件があります

年金制度は、4階建ての建物になぞらえることができます。

確定拠出年金の区分け

	企業型DC	iDeCo（個人型）
加入条件	会社が導入する	個人が加入する
掛金を出す人	会社が拠出する 従業員が拠出する	個人が拠出する
金融機関選び	会社が選ぶ	個人が選ぶ

確定拠出年金は私的年金のひとつ。2種類に分けられます。

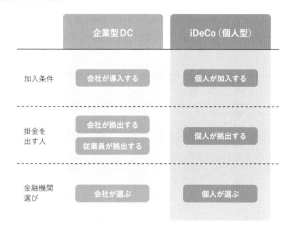

業型ＤＣを導入しているならば、社員は原則的にみな企業型ＤＣに加入します。

一方のｉＤｅＣｏは任意で加入し、自ら掛金を負担します。加入者数こそ企業型ＤＣのほうが多いのですが、今後ｉＤｅＣｏの加入者もますます増えるでしょう。

また、転職時に年金資産を移管できたり、節税効果が期待できたり、運用で得られた利益に税金がかからなかったりと、さまざまなメリットもあります。上手に活用すれば、将来の年金資産として頼りになる可能性大なのです。

5 minutes action
今すぐできる、5分アクション

①自分が企業型ＤＣに加入しているかどうか、会社に確認しよう
②企業型ＤＣ以外の企業型年金の有無・ｉＤｅＣｏに加入できるかも確認しよう

Get rich with
just 5 minutes per day

DAY 42

公的介護保険だけで、備えは大丈夫なのでしょうか？

公的制度＋貯蓄で十分対応できる。やっぱり貯蓄しよう

介護保険は、介護を社会全体で支え合うことを目的とした公的保険制度です。40歳になるとすべての人が加入します。介護保険料は、会社員は加入する健康保険と一緒に給与天引き、自営業など国民健康保険の加入者は、国保の保険料と一緒に徴収されます。また、65歳以上の年金を受給している人は、年金からの天引き（一部納付書払い）となります。

介護保険の加入者には、65歳以上の「第1号被保険者」と、40～64歳の「第2号被保険者」がいます。どちらも保険料は支払いますが、介護保険のサービスを受けられるのは原則として第1号被保険者のみ。第2号被保険者は、所定の疾病と認められた場合のみサー

介護度ごとの給付限度額と自己負担額

介護度	給付限度額	自己負担額		
		1割	2割	3割
要支援1	5万320円	5,032円	1万64円	1万5,096円
要支援2	10万5,310円	1万531円	2万1,062円	3万1,593円
要介護1	16万7,650円	1万6,765円	3万3,530円	5万295円
要介護2	19万7,050円	1万9,705円	3万9,410円	5万9,115円
要介護3	27万480円	2万7,048円	5万4,096円	8万1,144円
要介護4	30万9,380円	3万938円	6万1,876円	9万2,814円
要介護5	36万2,170円	3万6,217円	7万2,434円	10万8,651円

※自己負担額は基本的に1割だが、一定以上の所得がある場合は2割・3割となる

介護度によって給付額が異なる!

出所：厚生労働省

ビスが受けられます。

介護保険サービスは「要介護認定」を受けることで利用できるようになります。まずは市区町村の介護保険を担当する窓口または地域包括支援センターに申請します。後日、調査員が日常生活の状況や身体機能のチェックをしたうえで認定の結果が出ます。要介護認定の結果には、要支援1・2、要介護1・2・3・4・5の7段階の「介護度」があります。

介護保険には、介護度に応じた給付限度額があります。介護度が重いほど給付限度額が大きくなります。このうち、介護保険の自己負担割合は通常1割負担ですが、所

得が多い人は自己負担割合が2割または3割になります。
給付限度額に合わせて、担当のケアマネジャーがケアプランを作成。介護サービスの利用がスタートします。

介護保険で受けられる主なサービスには、

居宅サービス
訪問介護・生活援助（掃除・洗濯・買い物・調理など）・身体介護（入浴・排せつなど）・訪問リハビリテーション
施設サービス
介護老人保健施設や特別養護老人ホームなどでの生活支援・医療ケア
地域密着型サービス
地域住民と交流しながら受ける介護サービス

などがあります。

給付限度額を超えた分のサービスは全額自己負担となりますが、受けることはできます。ところで、人それぞれ必要な介護は異なりますし、場合によっては多額の介護費用がかかるのではと心配になる方もいるかもしれません。

この費用に備える民間の介護保険があります。所定の要介護状態になったときに一時金・年金などの形でお金を受け取れるものです。しかし、**結論からいえば、このような民間の介護保険は不要**というのが筆者の考えです。

生命保険文化センター「生命保険に関する全国実態調査」（２０１８年度）によると、介護にかかった費用のうち、一時的に必要になった費用の平均は69万円、毎月かかった費用の平均は７万８０００円となっています。たしかに、多少の出費にはなっていますが、**保険で補うほどに高額かといえば、そこまでではない**といえます。

加えて、民間の介護保険には独自の給付条件があります。たとえば「基本的に要介護２以上」としている介護保険でも、保険会社が定める所定の要介護状態でないと判断されてしまうと、保険金が受け取れないのです。

一時的な介護費用と月額の介護費用

一時的な介護費用（「掛かった費用はない」を0円として平均を算出）

	2009年	2012年	2015年	2018年
かかった費用はない	17.9%	16.4%	17.3%	15.8%
15万円未満	14.1%	15.8%	13.9%	19.0%
15～20万円未満	8.1%	7.6%	8.3%	8.6%
25～50万円未満	7.8%	6.9%	7.7%	6.8%
50～100万円未満	7.1%	8.7%	9.0%	9.1%
100～150万円未満	6.0%	7.2%	7.9%	6.0%
150～200万円未満	3.0%	1.6%	1.9%	1.9%
200万円以上	8.9%	7.6%	7.1%	6.1%
不明	27.0%	28.1%	26.8%	26.7%
平均	86万円	91万円	80万円	69万円

一時的に必要な費用は、69万円。

月額の介護費用（「支払った費用はない」を0円として平均を算出）

	2009年	2012年	2015年	2018年
支払った費用はない	5.9%	4.1%	5.2%	3.6%
1万円未満	6.0%	6.3%	4.9%	5.2%
1万～2万5,000円未満	13.5%	14.1%	15.1%	15.1%
2万5,000～5万円未満	11.0%	11.3%	10.2%	11.0%
5万～7万5,000円未満	14.3%	13.7%	13.8%	15.2%
7万5,000～10万円未満	5.9%	3.5%	7.1%	4.8%
10万～12万5,000円未満	10.8%	10.4%	9.8%	11.9%
12万5,000～15万円未満	2.7%	3.3%	3.4%	3.0%
15万円以上	12.9%	14.1%	16.4%	15.8%
不明	17.1%	19.2%	14.1%	14.2%
平均	7万3,000円	7万7,000円	7万9,000円	7万8,000円

月で必要な費用は、7万8,000円。

出所：生命保険文化センター「生命保険に関する全国実態調査」（2018年度）

そもそも、将来介護が必要になるかはわかりません。それであれば、受け取れるかどうかわからない保険金をあてにして民間の介護保険に入るよりも、お金を貯蓄で用意しておいたほうがいいでしょう。無駄な保険料を支払う必要もありませんし、介護だけでなく医療費や老後の生活費などにもそのお金を使うことができます。

また**介護をする方にも、介護休業給付という制度**があります。

家族を介護する必要があるときに、働きながら介護をするのは大変です。かといって、仕事を休んだり辞めたりすると、今度はお金が大変になってしまいます。その負担をカバーするのが介護休業給付です。

介護休業給付は「介護休業開始日前2年間に11日以上就業した月が12カ月以上ある」など、所定の条件を満たした人が家族を介護するために介護休業を取得した場合に支給される給付金です。

介護休業給付金の給付額は次のとおりです。

休業開始時の賃金日額×支給日数×67％

介護する対象1人につき、最大93日分受け取れます。この93日は連続する必要はなく、3回まで分けることができます。

5 minutes action
今すぐできる、5分アクション

民間の介護保険に入っている場合は、解約を含めて再検討しよう

Get rich with
just 5 minutes per day

DAY 43

子どもの教育費への備えはどうしたらいいですか？

学資保険は入る必要はありません

２０１９年に生まれた子どもの数は過去最小となる86万５２３４人。想定よりも早いペースで少子化が加速しています。だからといって、教育費が少なくなっているわけではありません。ひと昔前に比べて現在は、幼少のころから子どもの教育に力を入れる家庭が増えています。子どもの数は減っても、教育費は減っていません。

高校生までの教育費は家計からやりくりして捻出し、大学入学費用は子どもが小さいころからコツコツ積み立てて用意していくのが理想です。子どもが大学に入学する18歳までに、**最低でも３００万円、できれば５００万円程度**は貯めておきたいところです。

教育資金を貯めるための保険に「学資保険」があります。

学資保険は、毎月決まった額の保険料を払うことで、子どもの入学や進学時期に合わせて「お祝い金」や「満期保険金」が受け取れる保険です。子どもが小さいうちに加入し、大学入学時に満期保険金が受け取れるように設定するのが一般的です。中には、出産予定日の140日前から加入できるものもあります。出産前に契約して、保険料の支払いをスタートすることもできます。

しかも、学資保険には払込免除特約があります。契約者である親が亡くなったり、高度障害となったりしたときには、以後の保険料の払い込みは免除され、予定どおりお金を受け取ることができるのです。子どもの教育資金を貯められる「王道」の制度と呼ばれていました。

しかし、**今はおすすめできません**。というのも、マイナス金利の影響で学資保険の貯蓄性が低下しており、元本割れを起こす商品も出てきているからです。

払い込んだ保険料の総額に対して、将来受け取れる金額の割合を「返戻率」といいます。かつてはこの返戻率が高かったため、中には支払った保険料の倍近いお金を受け取った例もあったのです。しかし、今は返戻率がとても低くなっているため、お金が大して増えません。さらに中途解約した場合の返戻率になると、100%を切るものもあります。つまり、元本割れしてしまうのです。

また、学資保険は「**ドアノック商品」といわれていることにも注意が必要**です。学資保険に加入したのを突破口として、他の保険の加入をすすめられがち、という意味です。不要な保険に加入して、お金をみすみす減らすことはありません。

介護保険と同様、学資保険でわざわざ教育資金を準備する必要はありません。貯蓄やつみたてＮＩＳＡなどを利用した積立で十分です。

5 minutes action 今すぐできる、5分アクション

学資保険も解約を含めて、再検討しよう

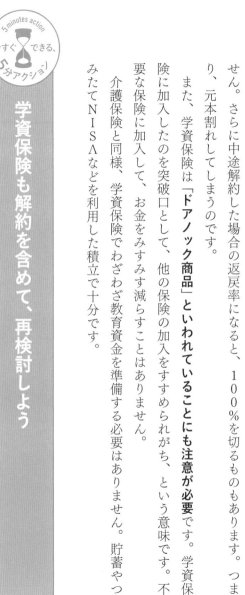

Get rich with
just 5 minutes
per day

LESSON 6

確実に目標金額を貯める

Get rich with
just 5 minutes per day

DAY 44

最初の目標金額に設定すべき目安はどのあたりでしょうか？

目標はまず100万円。100万円できたら、1000万円貯めるのは難しくありません

今まったく貯蓄がなく、これからお金を貯めていくのであれば、まず「**100万円**」を目標にしていただければと思います。これから数千万円用意しなければいけないのに、100万円が目標とは少ないと思われるかもしれません。しかし、あまり高い目標をいきなり掲げても、達成できずに苦しくなってしまうかもしれません。

100万円貯蓄できれば、お金を貯める楽しみ、喜びがわかります。また、「貯めることができた」という自信が生まれ、その後の貯蓄がスムーズになり、1000万円貯めるのは難しくないでしょう。小さな成功体験を積みながら、先に進んでいきましょう。

もっとも、100万円という金額は、なんとなくでは貯まらない金額でもあります。簡単に貯まるのであれば、DAY03で紹介した「金融資産非保有」という人もいないはずです。きちんと貯まる仕組みを用意して、その中で貯めていくことが必要です。

100万円貯めるにあたって、まずは**目標を決めましょう**。目標で大切なのは、**期間を入れること**です。たとえば「海外旅行の資金として100万円を3年で貯める」という具合です。ここからさらに「海外旅行の資金100万円を3年で貯めるために、毎月3万円ずつ貯蓄する」とはっきりさせておけば、やるべきことも明確化します。

銀行にお金を預けておいてはだめだとお話ししましたが、もちろん全額を下ろしてきなさいという意味ではありません。いうまでもなく銀行は、生活に欠かせない存在です。普段から銀行口座では、毎月の給料や報酬などを受け取り、家賃・住宅ローン・公共料金・クレジットカードの利用代金などを支払い、普段の生活費を下ろして利用しているでしょう。銀行があるから生活が便利になっているという側面はたくさんあります。

しかし、なんとなく銀行を使うのはNG。お金を貯めるためには、**銀行口座の使い方**

にもきちんと仕組みを用意する必要があります。

銀行口座は、最低2つ用意しましょう。とくにこれまで銀行口座を使い分けてこなかった方の場合は、なるべく管理の手間がかからないほうがいいでしょう。

ひとつは**メインバンクとして保有する生活費口座**です。生活費口座ではまず、毎月の給料や報酬などを受け取ります。次に、先取り貯蓄（詳しくはDAY45）する分のお金を取り分けて、後述するサブバンク（貯蓄口座）に移します。そして、**家賃や住宅ローン・水道光熱費・スマホ代・保険料・クレジットカードの引き落とし**など、口座引き落としになるものはすべてこの生活費口座から引き落とすようにします。「家賃はA銀行、水道光熱費はB銀行、スマホ代とクレカ代はC銀行…」などとなっていると、入出金の管理もややこしくなりますし、合計でいくら支払っているのか、支出が見えにくくなってしまいます。もしばらばらになっているなら、面倒でも生活費口座にまとめましょう。また、食費や雑費などの生活費は生活費口座から引き出して使うことになります。

もうひとつは**サブバンクとして活用する貯蓄口座**です。貯蓄口座には、先取り貯蓄で取り分けたお金を入れます。メインバンクからサブバンクにお金を移すときには自動振替を

お金が貯まる仕組み

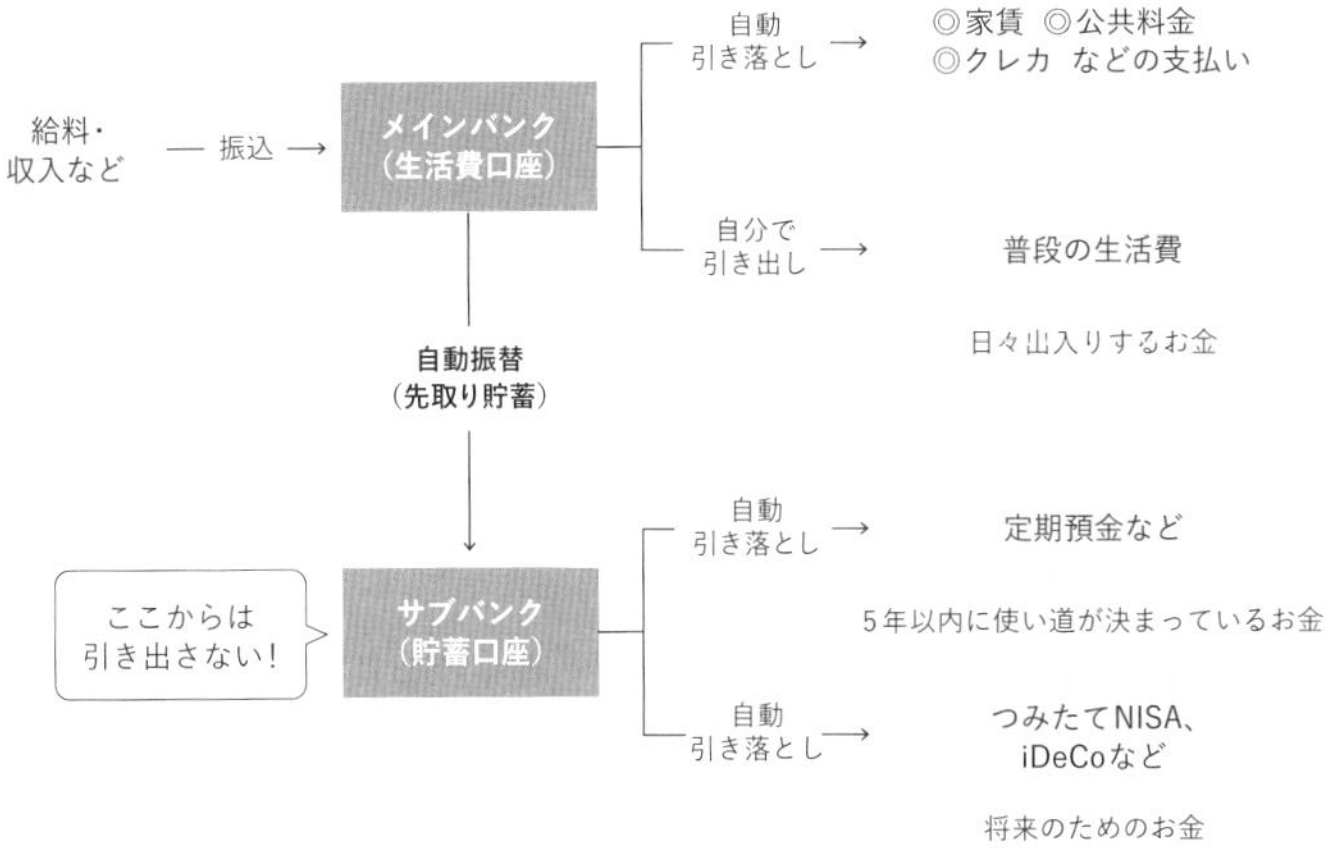

2つの口座に分ければ、お金が貯まりだす！

利用すると、とくに手続きをしなくても自動的にお金が移動できて楽ですし、強制力も働きます。

サブバンクに預けたお金は、原則として引き出してはいけません。またDAY08で紹介した「5年以内に使い道が決まっているお金」「10年以上使わない将来のためのお金」は、サブバンクから出すようにします。定期預金、あるいはつみたてNISAやiDeCoなど、積み立てを行う商品にお金を回していきましょう。

　この仕組みを利用して、お金を貯めていくのが基本です。きちんと貯まる感覚ができたら、ここから自分なりに応用して緊急資金用の口座をつくったり、投資用の口座をつくったりしてもいいでしょう。ただし、あくまで管理できる範囲内にしてください。逆に「今銀行口座がたくさんある」という方は、使う口座を絞って残りは解約してしまいましょう。

日々の支出を節約して貯金するなら、**面白貯金**がおすすめ。DAY46でいくつか紹介しますので、ぜひ取り入れてみてください。このように、お金の貯まる仕組みを利用して生活するだけで、生活費口座を見れば何にいくら使っているかがわかりますし、貯蓄口座を見ればいくら貯まっているのかがはっきりします。お金の流れや貯まり具合を「**見える化**」しておけば、使途不明金も減らせますし、お金が貯まっていることを実感できます。そしてそのことが、貯蓄のモチベーションの維持にも役立ちます。

5 minutes action
今すぐできる、5分アクション

2つに絞るために、自分がいくつ口座を持っているかを整理しよう

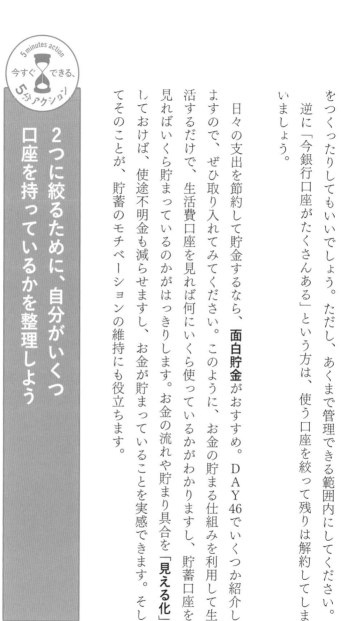

Get rich with
just 5 minutes per day

DAY 45

頑張っても貯金できません。どうすればいいですか？

貯蓄が苦手な人でもお金が貯まる！ 3つのキーワード「先取り」「強制」「自動」を活用しよう

「お金を貯めること」と「ダイエット」はどちらもモチベーションが大事という点で似ています。貯蓄を長続きさせるためにも、教育資金のため、住宅資金のため、老後資金のためなど、お金を貯める目的がやはり大切です。

目的がはっきりしたら、毎月貯めるお金を「先取り貯蓄」の仕組みで貯めていきます。先取り貯蓄とは、支出したあとに余ったお金を貯蓄に回すのではなく、お給料が入ったら、先に貯蓄分を取り分けてしまうという方法です。

×「収入－支出＝残ったお金を貯蓄」→後から貯蓄
○「収入－貯蓄＝残ったお金で支出」→先取り貯蓄

この先取り貯蓄を「強制的に」「自動的に」行えれば完璧です。

具体的には、次のような制度を活用するといいでしょう。大まかに難易度の低い順に並んでいるので、試してみてください。

❶「財形貯蓄」または「社内預金」

勤務先が毎月の給料から天引きしてお金を貯める制度です。財形貯蓄のうち「財形年金貯蓄」「財形住宅貯蓄」には利子が非課税となる恩恵があります。また社内預金は、金利が一般の銀行より高く設定されていることもあるなど、メリットもあります。これらは、会社に制度がないと利用できません。詳細は、会社の総務部など、担当者に確認してください。

❷「定期預金自動積立」

給与が振り込まれる銀行口座で、定期預金に自動で**積み立てする日を給与振込日の翌日に設定**すれば、ほぼ給与天引きの状態となり確実にお金を貯めることができます。少しでも利率が高いネット銀行がおすすめです。

❸「投資信託自動積立」

投資信託は金融機関のプロが投資家から集めたお金をまとめて運用する金融商品。**自分で株式や債券の分散を行わなくてよい**ので、便利な商品といえます。

❹「つみたてＮＩＳＡ（積立ＮＩＳＡ）」

ＮＩＳＡは投資で得られた利益に対する税金を非課税にできる制度です。つみたてＮＩＳＡを利用すると、**毎年40万円までの投資から得られる利益を最大20年にわたって非課税**にすることができます。

つみたてＮＩＳＡ（積立ＮＩＳＡ）で買える商品は、金融庁が厳選した投資信託から選びます。いずれも手数料が安く、中長期でお金を増やすことが見込める商品ですので、初心者でも選びやすく、投資をスタートしやすいでしょう（詳しくはＤＡＹ55）。

❺「ｉＤｅＣｏ（イデコ・個人型確定拠出年金）」

今まったく貯蓄がないのであれば、**財形貯蓄や定期預金自動積立を利用して少しずつ貯めましょう。** まずは100万円。その次の目安は、やはり生活費の6カ月分、できれば1年分です。これが貯まったら、つみたてＮＩＳＡ・ｉＤｅＣｏなどの制度を活用してお金を増やすことを考えていきます。先取り貯蓄ができるようになったら、少しでも多く貯蓄に回せるように、支出の削減に取り組みましょう。無駄な出費や衝動買いを抑えてお金を貯められるようになれば、その分目標達成も近づきます。

5 minutes action
今すぐできる、5分アクション

毎月、無理なくできる貯蓄額を決めよう

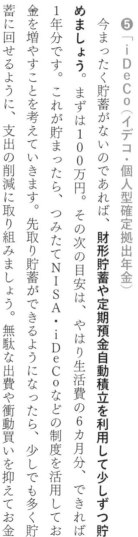

Get rich with
just 5 minutes per day

DAY 46

「先取り貯蓄」と「強制貯蓄」以外に、おすすめの貯金方法はありますか？

ゲームのように小銭貯金を楽しむ方法があります！

貯金箱に小銭を貯めた経験のある方は多いでしょう。「チリも積もれば山となる」を地で行くように、お金が少しずつ貯まっていきます。しかし、貯金箱を小銭でいっぱいにしたという人は意外と少ないのではないでしょうか。地道で確実に貯まる小銭貯金ではありますが、続けるのは意外と大変なのです。

そこでぜひ取り入れていただきたいのが**面白貯金**。貯金を楽しくすることも、お金を貯める仕組みのひとつです。せっかく明るい未来のためにお金を貯めるのですから、楽しみながら小銭貯金に取り組んでいきましょう。

ここではすぐにでも始められる面白貯金をご紹介します。

ひと味違った500円玉貯金

500円玉だけを貯金箱に入れる500円玉貯金はご存じかと思います。しかし、この方法では余裕のないときには貯金しないので、意外と貯まっていきません。

そこで提案したいのが「**1日の終わりに財布の中に500円玉が入っていたら必ず貯金箱に入れる**」という強制ルールをつくることです。これなら確実にお金が貯まっていきます。500円玉が難しかったら50円や100円でもよいでしょう。

お釣り貯金

1000円を出して650円の商品を購入した場合、お釣りは350円です。その350円を封筒などに入れておき、**帰宅したらそのお釣りを貯金箱へ入れる**方法が「お釣り貯金」です。あるいは、1日の終わりに財布または小銭入れに残っている小銭をすべて貯金箱へ入れてもいいでしょう。どちらも無理のない範囲で確実にお金が貯まっていきます。また、お札を崩す抑止力にもなりますので、無駄遣いが減ります。

カレンダーの数字貯金

1月1日は11円、5月31日は531円という具合に、**月と日を組み合わせた金額を貯金する**方法が「カレンダーの数字貯金」です。この方法で1年間貯めると、なんと18万7558円貯まります。年の後半が大変で、9月以降は月2万円以上貯めることになりますが、ぜひゲーム感覚でチャレンジしてください。

歩数貯金

1日5000歩を歩いたら500円貯金する、1日1万歩を歩いたら1000円貯金するなどと、**毎日の歩数に合わせた金額を貯める**方法が「歩数貯金」です。普段からたくさん歩いている方であれば、5000歩で100円、1万歩で500円としてもよいでしょう。逆に5000歩を歩いていない場合は貯金しない、としてもいいでしょう。毎日歩くことで、お金だけでなく健康も手に入るいい方法だと思います。

つもり貯金

電車に乗ったつもり、タクシーに乗ったつもり、自動販売機でジュースを買ったつもりなどと、**実際にやったつもりの金額を貯金する**のが「つもり貯金」です。ひと駅遠いところから歩いて帰ったので、ひと駅分の電車賃を貯金するといった方法は、歩数貯金とも相性が良いですね。

面白貯金箱を使う

今は貯金箱もいろいろなものがあります。お金を置くとキャラクターが手を出してきてお金を持っていく貯金箱、入れた金額を自動でカウントしてくれる貯金箱、しゃべる貯金箱、簡単には開けることができない貯金箱、お金が回る貯金箱などなど。こうした貯金箱を使うことでも、モチベーションの維持に役立ちます。なお筆者は、**お金が金額ごとに自動的に仕分けられる貯金箱を使っています**。

小銭貯金アプリを活用する

キャッシュレスな時代ですから、電子マネーやクレジットカード、スマホ決済を活用することも多くあります。ポイント還元や割引などを受けて、かなり支出を抑えることができます。ただ、そのおかげで「小銭を持つことが減って小銭貯金できない」という方もいるかもしれません。でもご安心ください。**キャッシュレスに対応した小銭貯金アプリ**もあります。「ｆｉｎｂｅｅ（フィンビー）」と「しらたま」です。

ｆｉｎｂｅｅは、銀行口座と連携することで貯金を実現するアプリです。アプリ内で目標と貯金ルールを設定すると、そのルールにしたがってお金を貯めることができます。

しらたまも、買い物の際にお釣りに相当する金額を自動的に貯金するサービスです。ぜひ一度調べてみてください。

5 minutes action

今すぐできる、5分アクション

面白貯金をどれかひとつ選んで、今日から実践しよう

Get rich with
just 5 minutes per day

DAY 47

預ける銀行は、メガバンクのほうが有利ですか？

ブランドではなく、特典が充実している銀行を探しましょう

都市銀行（都銀）、地方銀行（地銀）、ゆうちょ銀行、ネット銀行、流通系銀行、信託銀行、信用金庫など、銀行にはさまざまな種類があります。

明確な定義ではありませんが、都市銀行の中でも規模の大きな三菱ＵＦＪ銀行・三井住友銀行・みずほ銀行を指して「メガバンク」と呼びます。メガバンクは都市部を中心として、全国に支店を展開しています。そして、預金・投資・ローン・保険など、さまざまなサービスを取り扱っています。

また、メガバンク同様に全国でサービスを展開する銀行といえばゆうちょ銀行を思い浮かべる方もいるでしょう。ゆうちょ銀行は、かつて郵便局が扱っていた郵便貯金のサービ

金利・ATM手数料がお得な銀行の例

銀行名	普通預金金利	出金手数料無料の主な他行ATM	振込手数料（税込）（他行あて・3万円以上）	金利・手数料の主な優遇条件
あおぞら銀行BANK支店	0.20%	ゆうちょ銀行	157円（条件を満たせば月3回まで無料）	【金利】条件なし 【出金手数料】条件なし 【振込手数料】月末残高500万円以上（月2回無料）・BANK支店Visaデビット利用月1回以上（月1回無料）
GMOあおぞらネット銀行	0.11%	セブン銀行、イオン銀行、ゆうちょ銀行（月2〜15回無料）	月1回無料 2回目以降157円（条件を満たせば月15回まで無料）	【金利】GMOクリック証券の口座連動サービス「証券コネクト口座」を利用する（0.001%→0.11%） 【出金手数料・振込手数料】外貨普通預金残高・Visaデビットの利用額によって無料回数が変わる
auじぶん銀行	0.10%	三菱UFJ銀行、セブン銀行イーネット、ローソン銀行ゆうちょ銀行（条件を満たせば預入は何度でも無料、引出は月3〜11回無料）	283円（条件を満たせば月15回まで無料）	【金利】auカブコム証券の証券口座と連動する「auマネーコネクト」を利用する（0.001%→0.10%） 【出金手数料・振込手数料】残高と12の取引状況によって無料の回数が変わる
東京スター銀行	0.10%	ゆうちょ銀行、セブン銀行、（預入は何度でも無料、引出しは月8回まで実質無料）	440円（条件を満たせば月3回まで実質無料）	【金利】給与振込口座に指定（0.001%→0.10%） 【出金手数料】手数料はかかるが翌月キャッシュバック（上限880円、ただし預入残高の最大10%まで） 【振込手数料】東京スターダイレクト（ネットバンキング）を利用し、口座取引明細書を「郵送しない」
楽天銀行	0.10%	セブン銀行、イオン銀行イーネット、ローソン銀行三菱UFJ銀行、みずほ銀行ゆうちょ銀行など（条件を満たせば預入・引出月計7回まで無料）	262円（条件を満たせば月3回まで無料）	【金利】楽天証券との口座連動サービス「マネーブリッジ」を利用する（0.02%→0.10%） 【出金手数料・振込手数料】残高と取引状況によって無料の回数が変わる
イオン銀行	0.10%	みずほ銀行、ゆうちょ銀行三菱UFJ銀行（平日の日中のみ無料）その他の銀行（条件を満たせば月5回まで無料）	220円（条件を満たせば月5回まで無料）	【金利】イオン銀行との取引によって貯まる「イオン銀行スコア」が150点以上（0.001%→0.10%） 【出金手数料・振込手数料】「イオン銀行スコア」によって無料の回数が変わる

※2020年12月17日時点

メガバンク以外にこのようなお得な銀行がないか探してみましょう！

スを引き継ぐような形で事業を行っています。

ただ、**メガバンクだからサービスがよくて安心ということはとくにありません。**たしかに全国区ですから、たとえば出かけた先でも店舗やＡＴＭなどがあって使いやすい、ということはあるでしょう。しかし、メガバンクだから金利が高かったり、手数料が安かったりするのかというと、むしろ逆です。大手銀行の金利は押し並べて低い状況ですし、他行より手数料が高くなるケースもよくあるのです。

ですから、メインバンクでもサブバンクでも、**おすすめはむしろ大手銀行以外**です。ネット銀行などの中には、大手銀行よりも金利の高い銀行や、利用状況や条件を満たすと金利が高くなる銀行もあります。また、ＡＴＭの出入金手数料や振込手数料がお得になる銀行もあります。

なお、会社から給与の受け取り先口座としてメガバンクやゆうちょ銀行の口座が指定されている場合があります。この場合は、給与受け取り口座としてこれらの銀行を使うのは仕方ありません。でも、給与が振り込まれたら、ＡＴＭで手続きするか自動振替サービスを利用するかして、メインバンクにお金を移すようにしましょう。スマホアプリの

「ｐｒｉｎｇ（プリン）」を利用すると、提携銀行間は手数料無料でお金を移動できるので便利です。

お金を貯めるためには、お金を少しでも有利なところに置くのが大原則です。ネット銀行を積極的に活用しましょう。

5 minutes action
今すぐできる、5分アクション

金利・ＡＴＭ手数料のお得な銀行を調べよう

Get rich with
just 5 minutes per day

DAY 48

利息と金利ってなんですか？

利息は「受け取れる金額」のこと。金利は「利息を計算するための割合」です

銀行預金やローン、投資などの世界では、「利子」「利息」「金利」「利回り」といった言葉がよく出てきます。一見、どれも同じような意味に感じられるかもしれませんが、実は少し異なります。

利子・利息・金利・利回りの4つの言葉を意味でグループ分けすると、次のとおりになります。

「金額」そのものを表す言葉→利子・利息
「割合」（％）を表す言葉→金利・利回り

利子・利息は、お金の貸し借りに対して払う（払われる）対価のことです。銀行の普通預金や定期預金などにお金を預けるとつくのは利子・利息です。銀行は、お客様から預かったお金を運用したり、貸し出したりしています。そうして得た利益を、毎年2月と8月に利子・利息として還元しています。また、住宅ローンを借りた場合、借りた人は銀行に対して利子・利息をつけてお金を返していきます。金融機関によって「利子」というか「利息」というかは異なりますが、**利子と利息は、どちらもほぼ同じ意味で用いられます。**

この**利子・利息を計算するための割合が金利**です。

金利はふつう、1年間の利率（年利）で示されます。たとえば、前項の普通預金でもらえる金利が0・001％、住宅ローンの固定金利が1・3％、などという具合です。

金利は、景気・物価・為替・株価などの影響を受けて上下します。一般に、景気がよくなると、企業は設備投資をしたり、人員を増やしたりしたいと考えます。そのためのお金を借りたい企業が増えるため、世の中のお金が減り、金利が上昇します。逆に、景気が悪くなると、企業は設備投資や人員増を控えるようになります。すると、お金を借りたい企業が減るため、世の中のお金が余り、金利が下がるのです。つまり、お金の需要と供給によって金利は変わるのです。

そして利回りは、投資金額に対する利子・利息も含めた「年間の収益の割合」です。たとえば、株を100万円で買って、1年後に105万円で売却したとします。また、1年間の配当金は3000円だったとします。このとき、

> 1年間の収益の合計：5万円＋3000円＝5万3000円
> 利回り：5万3000円÷100万円×100＝5・3％

と計算され、利回りは5・3％となります。

以上、**利息は「受け取れる金額」**のことで、**金利は「利息を計算するための割合」**となり

期間が長いほど複利が味方に

毎年10万円を利回り3%で運用した場合の元利合計（税金・コストは考慮せず）

	10年後	20年後	30年後
積立総額	100万円	200万円	300万円
単利の場合	117万円	263万円	440万円
複利の場合	118万円	277万円	490万円
複利と単利の差	1万円	14万円	51万円

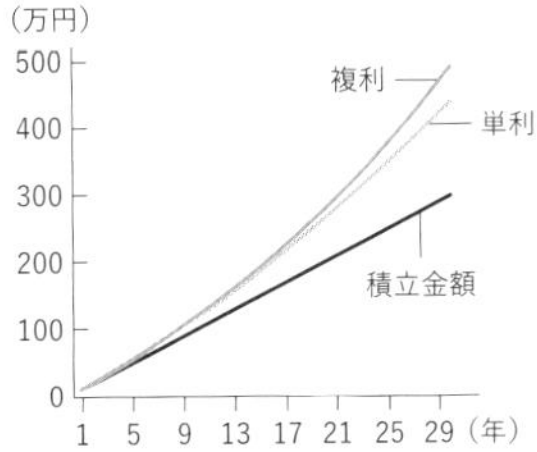

複利効果は時間をかければかけるほど
お金が増えるスピードが上がります！

ます。

利息の計算方法には、**単利**と**複利**があります。単利は、預けた元本にのみ利息がつくこと。複利は、預けた元本＋利息に利息がつくことです。

たとえば、毎年10万円ずつ積み立て、利回り3％で運用したとします（税金や手数料は考慮しません）。10年後の元利合計（元本と利益の合計）は1万円しか違いません。しかし、30年後の元利合計になると、51万円もの差がつくのです。

複利は利息がまた利息を生み出すので、資産の増加のスピードが加速度的にアップするのです。長期間になればなるほど、複利の効果は大きくなります。

5 minutes action
今すぐできる、5分アクション

「72の法則」を理解しよう

【72の法則】72÷金利≒お金が2倍になるまでのおおよその期間（年数）
もし金利0・001％の銀行にお金を預けたら、
2倍になるまで72÷0・001＝7万2000年かかる計算に。

問い：もし金利3％なら？　8％ならどうなるでしょうか

答え：金利3％なら24年、金利8％なら9年

Get rich with
just 5 minutes per day

DAY 49

普通預金と定期預金って、どっちがおすすめ？

定期預金は、お金を貯める仕組みの一環として活用しましょう

銀行預金にはさまざまな種類があるのですが、その中で身近なのは**普通預金**と**定期預金**の2つです。

普通預金は、自由に預け入れ・払い戻しができる預金です。銀行に口座開設するといえば、この普通預金です。すでにお話ししたとおり、給料を受け取ったり、家賃や公共料金、クレジットカードの費用などを支払ったりすることができます。また、出し入れ自由ですから、日々使うお金の預け先として適しています。そのうえ、万が一預け先の銀行が破た

普通預金と定期預金

	普通預金	定期預金
金利	定期預金より低い場合が多い	普通預金より高い場合が多い
預入期間	定めなし	預入時に決定（おおむね1カ月〜10年）
引き出し	自由	解約手続きが必要
取扱	都市銀行・地方銀行・ネット都市銀行・地方銀行・ネット銀行など	
元本	保証される	保証される
預金保護	1,000万円とその利息まで	1,000万円とその利息まで

特徴に応じて、使い分けましょう！

んしても、1000万円とその利息分までは保護されます。

一方の**定期預金は、はじめに預ける期間を指定する預金**です。預けることのできる期間は多くの場合、1カ月から10年程度です。期間を決めて預けるかわりに、**普通預金より金利が高く設定されています。**中には、満期がきたときに自動的に継続できる定期預金もあります。

なお、定期預金は中途解約できますが、その場合は金利の優遇分がマイナスされるなど、ペナルティが科される場合があります（元本割れはしません）。またこちらも、銀行が破たんしても、1000万円とその利息分までは保護されます。

定期預金には他にも、毎月一定額を積み立てることができる「**積立定期預金**」や、一定期間経過後に満期日を設定できる「**期日指定定期預金**」、多額のお金を預けるかわりに金利優遇が受けられる「**大口定期預金**」などの種類があります。

普通預金と定期預金を比較してきましたが、ここまでお話ししてきた強制的・自動的にお金を貯める仕組みができていれば、普通預金でも定期預金でも、どちらを利用してもいいでしょう。定期預金のほうが金利は高いといっても、たとえばメガバンクの場合、普通預金が0・001％、定期預金が0・002％といった状態です（2020年12月時点）。「2倍」というとすごそうですが、微々たる差です。

ただ、**定期預金のうち積立定期預金は強制的・定期的にお金を貯められます**ので、まだお金を貯める仕組みがないというのであれば、利用する意味があります。
また、定期預金のお金はATMで引き出すことができません。窓口・ネットなどで解約する手続きが必要です。この点も、引き出しを抑止するという意味では有効でしょう。**引き出せないことはデメリットではなく、しっかり貯めるためのメリットなのです。**

5 minutes action
今すぐできる、5分アクション

利用している銀行に強制的・定期的にお金を貯められる仕組みがないか調べよう

LESSON 7

お金を増やす投資の知識

Get rich with
just 5 minutes per day

DAY 50

怖いイメージがあるけど、金融商品とのうまい付き合い方は？

金融機関のおすすめの投資は危険。投資はうまく組み合わせることが大切！

金融商品だ、投資だというと、「悪徳業者に騙されそうで怖い」という方もいるかもしれません。また、そこまででなくても、投資はギャンブルのようなものだと考えている方もいるかもしれません。しかし、それは大きな誤解です。**金融商品は、正しく付き合えば、お金を増やしてくれる頼もしい味方になります。**

金融商品には、次ページの表に掲げたとおりさまざまなものがあります。

たとえば銀行の預金。**預金も、広い意味では金融商品**です。普通預金や定期預金など、みなさんが普段お使いの預金は、元本が保証されているのがメリットです。もしお金を預

各投資商品のメリット・デメリット

	どんな商品？	メリット	デメリット
預金	銀行にお金を預ける。自由に引き出せる普通預金や、期間を決めて預ける定期預金などがある	元本が保証されている（1,000万円＋利息分）	金利が低い
生命保険	死亡や病気・ケガの際にお金が受け取れる。貯蓄型の生命保険は満期を迎えるとお金（満期保険金）が受け取れる	もしもに備えられる	◎保険料が高額になりがち ◎金利（予定利率）が低い ◎中途解約で元本割れ
債券	国や自治体、企業などにお金を貸す。決められた利息が受け取れ、満期になると貸したお金が戻ってくる	持っているだけで利息が受け取れる	投資先の財務状況が悪化すると利息や元本が受け取れない可能性（信用リスク）
不動産	アパートやマンションなどの不動産を購入し、家賃収入や売却益を得る	◎銀行からお金を借りて投資できる ◎家賃収入は安定的	◎入居者がいないとお金が入ってこない ◎売却に時間がかかる
金	金の現物に投資する。少しずつ積立で購入することもできる	実物に価値がある	利息や配当金はない
株	企業が資金を集めるために発行する株に投資する	値上がり益・配当金・株主優待の3つの利益が期待できる	政治や経済などの状況で大きく変動し、損する可能性がある
投資信託	金融機関が投資家から集めたお金をまとめ、プロが株、債券、不動産などに投資。得られた利益を受け取れる	1本買うだけで、数十～数百の商品に投資したのと同じような効果が得られる	◎手数料がかかる ◎元本保証はない
FX	通貨を売買して、為替レートの値動きで利益を狙う	少ない資金で大きな利益を得られる（レバレッジ）	思惑に反した場合、大きく損失を被る可能性もある

各投資のメリット・デメリットを把握して、組み合わせよう！

けている銀行が破たんしても、1000万円とその利息分については戻ってきます。しかし、そのかわり現状、金利がとても低くなっています。大手銀行の普通預金金利はわずかに0・001％。100万円を1年間預けても10円（税引後8円）しか増えない計算なのです。これでは、お金を増やすことはできません。

これと同様に、**どの金融商品にも、メリット・デメリットがあります**。金融商品に完璧な商品はありません。ですから、うまく組み合わせることが大切です。

また、**なるべく手数料の安い、低コストの商品を選ぶことも大切です**。金融機関の窓口で提案された商品や、人気ランキング上位の商品は、実は高コストの商品かもしれません。提案を鵜呑みにして購入するのは危険です。

5 minutes action
今すぐできる、5分アクション

各投資商品のメリット・デメリットの表をもう一度見直して覚えよう

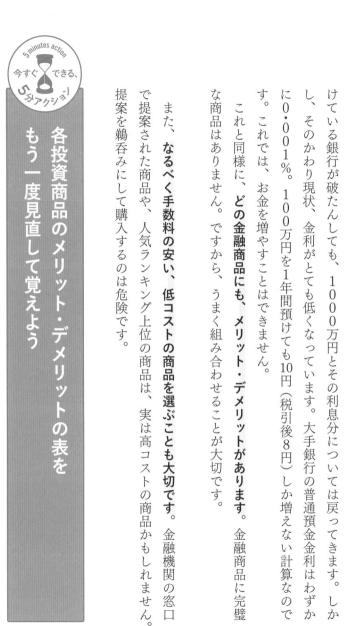

Get rich with
just 5 minutes per day

DAY 51

投資の基本的な考え方について教えてください

「長期」「積立」「分散」を利用して「低コスト」を基本にしましょう

投資はギャンブルではありません。「貯蓄から投資へ」という言葉が使われるようになったのは、２０００年代に入ってからの話です。しかし、いくら声高にスローガンを叫んでも、貯蓄から投資へ資金が大きく動くことはありませんでした。ほとんどの日本人は、お金の教育を受けずに社会に出るので、お金との向き合い方を会得していません。日本人は、投資といえば「お金が減るかもしれない」と、値動きでお金を失うことを過度に恐れているのです。

ですから、投資のことを「ギャンブルのようなもの」だと考えている方がいるのも無理のない話です。たしかに、ギャンブルのように投資しようと思えばできます。しかし、これから堅実にお金を増やしていこうというときに、ギャンブルのような方法で投資をしてしまうと、一気にお金を減らしてしまうことになりかねません。ですから、ぜひ本LESSONで正しい投資との付き合い方を身につけてください。

投資は、正しく付き合えば、お金を増やしてくれる頼もしい味方になります。もちろん、投資はお金が増える可能性がある一方で、減ることもあります。しかし、お金が減る可能性を少なくして、堅実に増やしていく手法があります。それは、**「長期」「積立」「分散」の3点を踏まえた投資を行うこと**です。

「長期」は、長い時間をかけて投資を行うことです。短期間の投資はどうしてもリスク(利益や損失のブレ幅)が大きくなる傾向があります。しかし、数十年という長い期間で投資すれば、リスクを減らし、世界経済の成長とともに利益を得ることが期待できます。

「積立」は、毎月コツコツ、一定金額ずつ投資することです。たとえ1回ずつのお金は少額でも、毎月続けていくことでやがてまとまったお金になります。また、株価や為替相場の変化に左右されずに運用を続けられる点もメリット。投資は、相場に一喜一憂せず、淡々と続けることが成功の秘訣なのです。

そして**「分散」**は、投資先を値動きの違うさまざまな金融商品に分けることです。こうすることで、そのどれかが損失を出しても、他のどれかが損失をカバーしたり、利益を出したりして、トータルでお金を増やすことを目指せます。

また、投資でお金を増やそうと考えると、つい、いくら儲かるかに目が行きがちですが、**忘れてはいけないのが税金や手数料**です。とくに**「低コスト」**で投資するかは、お金を増やすうえでは重要です。

投資で得られた利益には、通常20・315％の税金がかかります。手数料は、たとえば株ならば売買手数料、投資信託ならば購入時手数料・信託報酬・信託財産留保額などがかかります。購入する商品や金融機関などによっても異なります。

税金や手数料は単純に利益を引き下げる要因になるので、できるだけ少なくてすむ方法、安く抑える方法を考えて投資をするべきです。将来のリターンは選べませんが、税金や手数料は下げる手立てがあります。

投資の基本は、「**長期**」「**積立**」「**分散**」を利用して「**低コスト**」で行うことです。これから、このことを掘り下げて紹介していきます。

5 minutes action
今すぐできる、5分アクション

投資はギャンブルではなく、お金を増やしてくれる頼もしい味方だということを復習しよう

Get rich with
just 5 minutes per day

DAY 52

投資を始める前に知っておきたいことはなんですか？

「リスクとリターン」「手数料」「税金」の3つは押さえておきましょう

投資を始めるにあたって、知っておいていただきたいことが3点あります。

❶投資の「リスクとリターン」

「投資にはリスクがあります」と聞くとなんだか危なそうですが、投資の世界のリスクとは、「危険性」という意味ではありません。**投資の世界のリスクとは、「リターン（損益）**

のブレ幅」のことをいいます。

リスクとリターンには、トレードオフの関係（比例の関係）があります。リスクが大きいほど、儲かる可能性も、逆に損をする可能性も大きくなります。リスクが大きいことを「ハイリスク・ハイリターン」、逆に小さいことを「ローリスク・ローリターン」といいます。

なお、もし「ローリスク・ハイリターン」という商品をすすめられたら、それは詐欺的な商品の可能性が高いですから、買うべきではありません。

リスクは、金融商品によって異なります。たとえば、預貯金であれば元本保証がある一方でほとんど増えないのですから、リスクはとても低いといえるでしょう。一方、株式やＦＸ（外国為替証拠金取引）のような投資では、極端にいえば、元手が2倍、3倍になる可能性がある一方で、投資したお金が戻ってこなくなるほどの損失を抱えてしまう可能性もあるのです。また、投資信託では、どんな商品を組み入れているかによってリスクやリターンが異なります。

主な金融資産の手数料

	手数料	金額または手数料率
株式	売買手数料	例）楽天証券 1約定ごと（10万円まで）の場合99円
債券	売買手数料はない ただし外国債券は為替手数料がかかる	例）マネックス証券「ドル建て債券」 買付時：25銭 売却時：25銭
投資信託	購入時手数料（販売手数料）	購入金額の0～3%程度
	信託報酬	投信の資産（純資産）の0.1～3%
	信託財産留保額	元本の0～0.3%
外貨預金	為替手数料	例）三菱UFJ銀行「ドル預金」 預入時・引出時とも25銭 （ネットバンキング）・1円（窓口）
FX	為替手数料（スプレッド）	例）SBI FXトレード「ドル円」 0.09～0.17銭 （往復0.18～0.34銭）
生命保険	販売手数料	円建保険：保険料の2～3% 外貨建保険：保険料の6～8%

※2020年12月17日時点

実は手数料が結構かかります。

❷投資には「手数料」がかかる

投資では、商品を買うとき・商品を保有しているとき・商品を売るときに所定の手数料がかかります。どんなときに手数料がかかるのか、いくらかかるのかは、商品の種類や投資を行う金融機関によって異なります。ただ、共通しているのは、**基本的には手数料の分だけ損になる**ということです。ですから、手数料は安いに越したことはありません。

主な金融資産の手数料には、上の表のようなものがあります。株式の売買手数料は文字どおり、株式を売買したときにかかる手数料です。多くの金融機関では、ひとつの注文が成立（約定）するごとに手数料がかかるプランと、1日の約定代金の合計額で手数料が決まるプランの2つを用意しています。

・（投資信託の）購入時手数料

投資信託の購入時手数料も、買うときにかかる手数料です。とはいえ、最近は販売手数料のかからない投資信託（ノーロード）も増えてきています。購入金額の○％という具合で割合になっているので、一度にたくさん買うほど高くなります。

・信託報酬

投資信託を持っている間ずっとかかる手数料です。投資信託は、長期間にわたって保有することが多いので、**信託報酬の少しの差が大きな利益の差を生む場合があります。**

・信託財産留保額

投資信託を売るときにかかる手数料です。投資信託の運用を安定させるための手数料なので、長期保有する前提であれば、あったほうがいい、ともいえます。

・（生命保険の）販売手数料

生命保険に支払う保険料には、将来の保険金支払いに充てられる「純保険料」と、保険会社の経費となる「付加保険料」があります。純保険料はどの保険会社も同じですが、付加保険料は保険会社が自由に決められます。この付加保険料の中に含まれるのが販売手数料です。その割合は商品によりまちまちで、**公表されていないケースも多いのですが、おおむね円建て2〜3%、外貨建て6〜8%。他の投資に比べて高くなっています。**

・為替手数料

為替手数料は、他の通貨への両替にかかる手数料です。たとえば円をドルに交換するときいくら、ドルを円に交換するときにいくら、という具合にかかります。通貨の価値は日々変動しています。その変動によって、利益が変わってくることもあります。

主な金融資産の税金

	税率
預貯金／株式／債券／投資信託／外貨預金・FX	20.315%（所得税15%＋住民税5%＋復興特別所得税0.315%）
金	金投信・ETFは**20.315%** 金地金・純金積立は**他の所得と合わせて課税** （所得税は5～45%、住民税は10%）
不動産投資／仮想通貨／ソーシャルレンディング	**他の所得と合わせて課税**（所得税は5～45%、住民税は10%）
生命保険の満期保険金・死亡保険金・個人年金	受取人の関係によって、**他の所得と合わせて課税** （所得税は5～45%、住民税は10%）、贈与税、相続税
生命保険の解約返戻金	払込保険料との差益が一時所得 **他の所得と合わせて課税**（所得税は5～45%、住民税は10%） 保険期間が5年以内であるなど一定の要件を満たす場合は20.315%

利益には税金がかかることを知っておこう!

❸投資の利益には「税金」がかかる

投資で得られた利益には、所定の税金がかかります。

上の表にあるように、**多くの投資では20.315%の税金がかかります。**「源泉分離課税」といって、他の所得とは関係なく税金がかかることになります。

「総合課税」といって、他の所得と合わせて課税される投資もあります。この場合、合計の所得によって税率が変わります。仮に、大儲けした場合は最大で所得税45%、住民税10%、あわせて55%も課税されることに。半分以上も引かれてしまいます。

投資をするにあたっては、リスクとリターンをきちんと理解しておくことが大切。また、**手数料と税金はどちらもコスト**ですから、少しでも減らす方法を利用したほうが有利になります。

5 minutes action
今すぐできる、5分アクション

興味のある金融商品の手数料がどのくらいか、金融機関のウェブサイトなどで調べよう

Get rich with
just 5 minutes per day

DAY 53

株式投資ってなんですか？

自分の応援する会社が成長する姿を見られて、利益まで得られる投資です

会社がビジネスをしていくためには、たくさんの資金が必要です。その資金を調達するために、会社は「**株式**」を発行しています。この株式を、株式市場で買ったり売ったりするのが、株式投資です。

株式投資では、3つの利益が得られます。

一番イメージしやすいのは「**値上がり益**（**売却益**）」でしょう。**株式の値段である**「**株価**」は日々変化しています。基本的には、買ったときの株価より売るときの株価のほうが高くなっていれば、その差額が利益になる仕組みです。逆に、売るときの株価のほうが安くな

株で得られる3つの利益

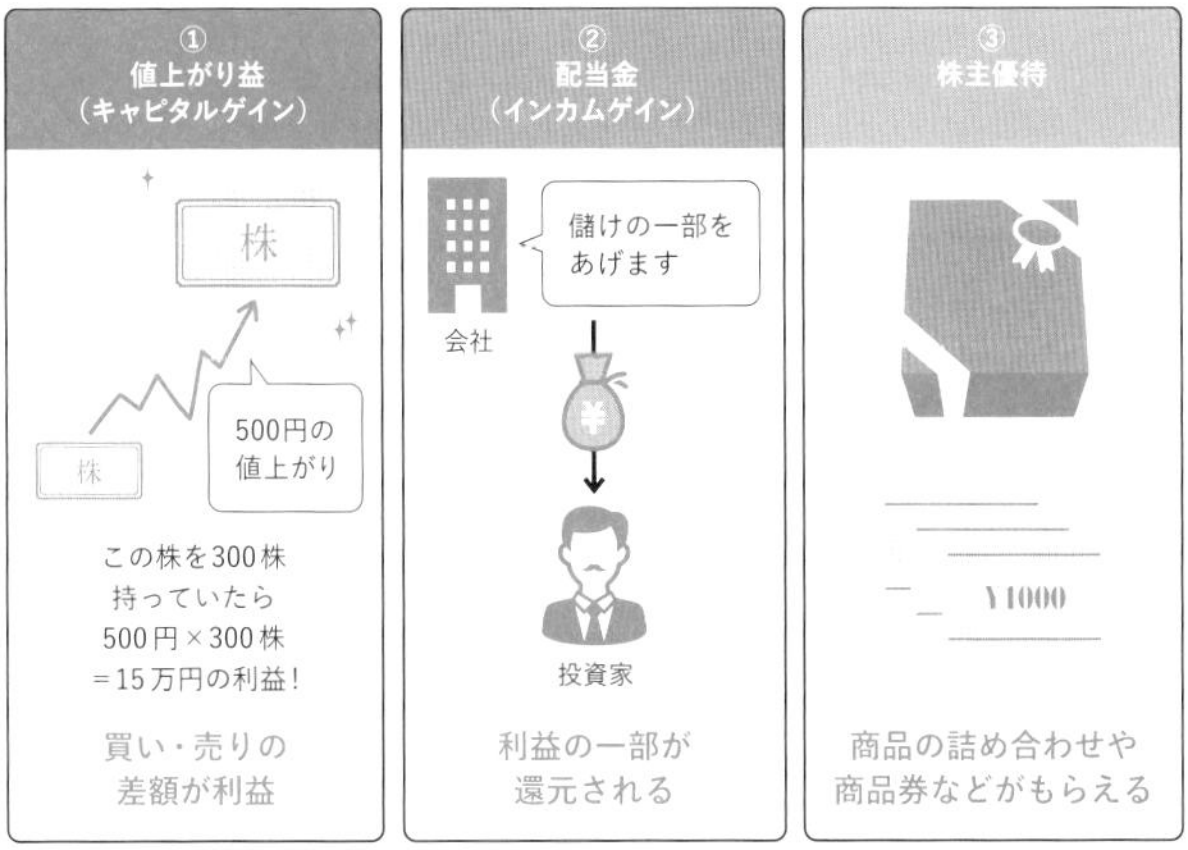
①
値上がり益
（キャピタルゲイン）
株
500円の
値上がり
株
この株を300株
持っていたら
500円×300株
＝15万円の利益！
買い・売りの
差額が利益
②
配当金
（インカムゲイン）
儲けの一部を
あげます
会社
¥
投資家
利益の一部が
還元される
③
株主優待
¥1000
商品の詰め合わせや
商品券などがもらえる

※②・③はない会社もあるので要チェック

株式投資は、会社が成長する姿を見られて、利益まで得られる！

ると、その差額が損失になります。

次に、株式を持っていることで受け取れる**「配当金」**です。配当金は、会社のビジネスがうまくいったときにもらえる分け前のようなものです。受け取れる配当金の額は、毎年の業績をもとに会社が決めます。株式を多く持っているほど金額も多くなります（なお、配当金のない会社もあります）。

そして、株主に渡すプレゼントのような**「株主優待」**。各社の商品や商品券など、お得なグッズを配布してくれる会社もあります。中には、株主優待目当てで投資する「優待投資家」もいるほどです（株主優待のない会社もあります）。

株式投資は、**自分の応援する会社が成長する姿を見られて、利益まで得られるという点で、他にはない醍醐味がある投資**だといえます。

しかし、株式投資は投資信託よりリスクの高い投資です。値動きが大きいので、ときには2倍、3倍になることもある一方、大きく損をしたり、場合によっては会社が倒産して資産が一気になくなったりすることもあります。

5 minutes action
今すぐできる、5分アクション

①自分が好きな企業の業績や株価を調べよう
②今日の「TOPIX（東証株価指数）」が上がったか下がったか、見てみよう

Get rich with
just 5 minutes per day

DAY 54

投資信託ってなんですか？

投資信託は、投資家から集めた資金をひとつにまとめて、運用のプロがさまざまな商品に投資してくれる商品です

投資信託が組み入れている商品は株式・債券・不動産などさまざまです。また、投資する地域も国内・国外問わずさまざまあります。この中から何に投資するかは、投資信託の方針やファンドマネジャーの考え方によって異なります。株式だけ、債券だけ、不動産だけに投資する商品もあれば、複数の資産に投資する「バランス型」と呼ばれる商品もあります。

投資信託のメリットは、1本で分散投資の効果が得られることにあります。1本の投資信託は数十、ときには数百以上の商品を組み入れています。そうすることで、仮にどれか

投資信託のイメージ

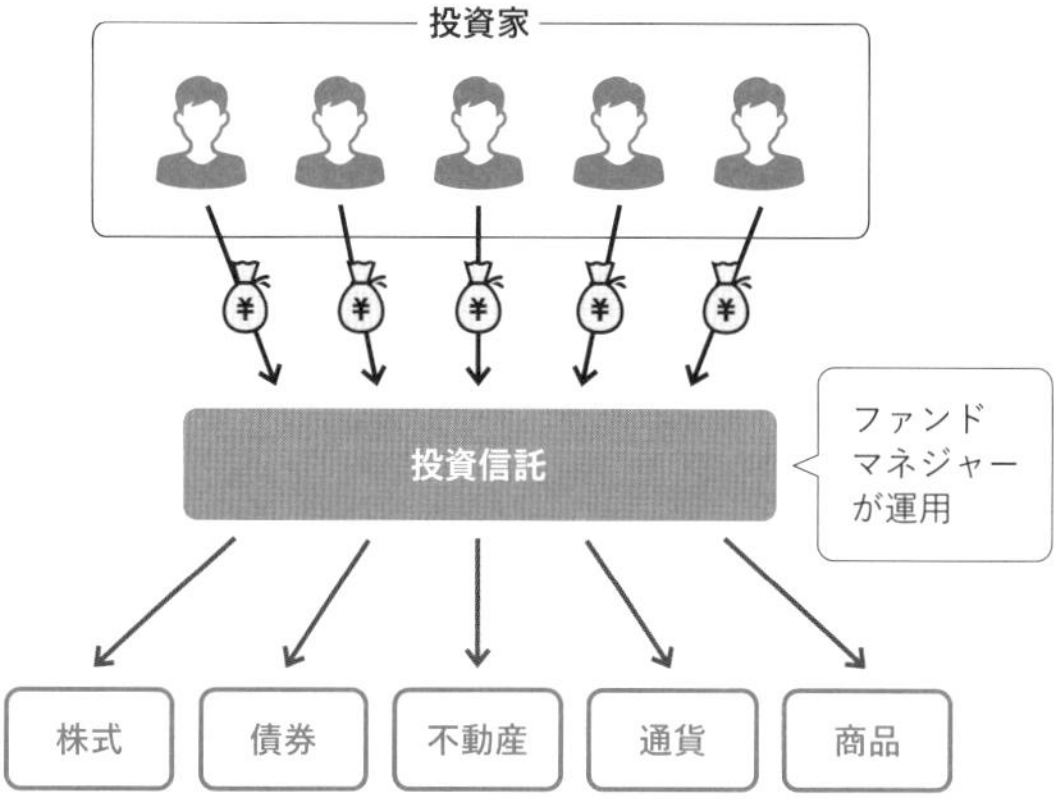

投資信託とは、投資家から集めたお金をファンドマネジャーと呼ばれる専門家がさまざまな投資先に投資してくれる投資商品です。

が値下がりしても、他のどれかの値上がりでカバーするのです。いくら分散投資が大切といっても、自分で数十・数百もの商品を買うのは大変ですね。ですが、投資信託ならば、1本買うだけでこれらの商品にまとめて投資するのと同じような効果がある、というわけです。

投資信託は、運用手法の違いで「**インデックス型**」と「**アクティブ型**」に分けられます。

インデックス型は、目標とする指標（ベンチマーク）に連動することを目指す投資信託です。たとえば、「TOPIX（東証株価指数）に連動するインデックス型」は、

インデックス型とアクティブ型

	インデックス型	アクティブ型
運用手法	指数と連動した値動きを目指す	指数を上回る運用効果を目指す
値動きのイメージ	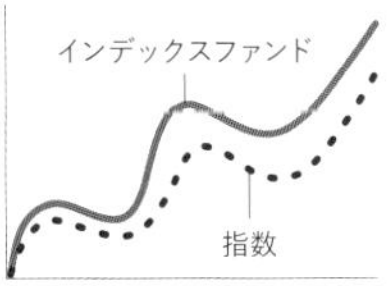	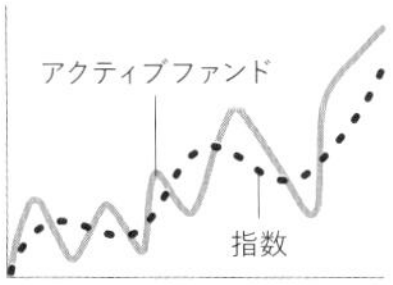
商品（ファンド）ごとの運用成績	同じ指数に連動するものなら運用成績にあまり差がない	商品による差が大きい
コスト（信託報酬）	低い（手数料の面で有利）	高い

インデックス型を使えば、
低コストで分散投資の実行を専門家に任せることができます。

ＴＯＰＩＸと同じような値動きをします。ＴＯＰＩＸは、東京証券取引所の第1部（東証1部）に上場しているすべての株式から算出される指標です。

対するアクティブ型は、指標を上回ることを目指す投資信託です。たとえば、ＴＯＰＩＸをベンチマークにした場合、ＴＯＰＩＸの銘柄以外にも投資して、ＴＯＰＩＸを上回る運用を目指します。

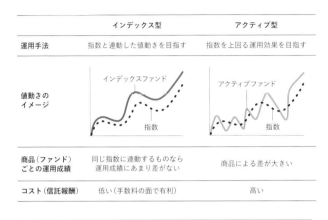

投資信託の利益には、**値上がり益**と**分配金**の2つがあります。

値上がり益は、保有している投資信託を売却することで出る利益のことです。投資信託の値段（基準価額）が購入時より高くなっていれば、その差額が値上がり益として、利益になります。

対する分配金は、投資信託の運用で出た利益の一部を投資家に還元するもの。通常、投資信託の決算のときに支払われます。ただ、分配金を支払うかどうかは投資信託ごとの方針や状況次第です。また、分配金の支払われる回数も、投資信託によって異なります。

5 minutes action
今すぐできる、5分アクション

インデックス型投資信託には、どのようなものがあるか調べてみよう

Get rich with
just 5 minutes per day

DAY 55

NISAについて教えてください

投資の利益にかかる約20%の税金をゼロにできるおいしい制度！

ＮＩＳＡ（ニーサ）は、投資の利益を非課税にできるわが国の**税制優遇制度**です。日本語では「少額投資非課税制度」などと書かれます。投資で得られた利益（運用益）には、通常約20%の税金がかかります。

たとえば、投資で１００万円の利益が出た場合、そこから約20%の税金が取られてしまうため、手元に残る利益は80万円に満たない金額になってしまいます。こんなとき、**NISAを利用すれば非課税になりますので税金はゼロ**。１００万円を丸ごと受け取ることができるのです。約20万円の差は大きいですよね。しかも、この差は利益が大きくなればなるほど広がっていきます。

ＮＩＳＡは２０１４年にスタートした制度です。今では**一般ＮＩＳＡ・つみたてＮＩＳＡ・ジュニアＮＩＳＡ**の３種類の制度があります。制度ごとに毎年投資できる金額の上限や投資できる商品、非課税になる期間などが異なっています。

一般ＮＩＳＡは、年間の非課税投資金額が１２０万円と、もっとも高い制度です。つみたてＮＩＳＡは、投資できる期間が20年と、もっとも非課税期間が長い制度です。金融庁が定めた投資信託を運用します。そして**ジュニアＮＩＳＡは、0歳から19歳までの未成年者が利用できる制度**です。

なお、２０２４年にＮＩＳＡの制度がリニューアル。一般ＮＩＳＡは「新ＮＩＳＡ」として大きく生まれ変わる予定です。つみたてＮＩＳＡは投資期間が5年間延長されます。そして、ジュニアＮＩＳＡは２０２３年で終了します。

一般NISA・つみたてNISA・ジュニアNISAの主な違い

自分の投資スタイルに応じて、使いこなそう。

	一般NISA	つみたてNISA	ジュニアNISA
利用できる人	日本に住む 20歳以上の方 （年齢上限なし）	日本に住む 20歳以上の方 （年齢上限なし）	日本に住む 0～19歳の方
新規に 投資できる 期間	2028年まで （※2023年から5年延長）	2042年まで （※2037年から5年延長）	2023年まで （※2023年で制度終了）
非課税 となる期間	投資した年から 最長5年間	投資した年から 最長20年間	投資した年から 最長5年間
年間投資 上限額	122万円 （※2023年までは 120万円）	40万円	80万円
累計非課税 投資上限額	610万円（2024～28年） 600万円（2019～23年）	1,000万円 （2018～42年）	400万円 （2019～23年）
投資対象商品	国内・国外の 上場株式・ 投資信託・ETF	金融庁が定めた 基準を満たす 投資信託・ETF	国内・国外の 上場株式・ 投資信託・ETF
投資方法	制限なし	定期的・ 継続的な方法のみ （積み立て）	制限なし
資産の 引き出し	いつでも引き出せる	いつでも引き出せる	2023年までは18歳になるまで引き出し不可。2024年以降はいつでも引き出せる
口座開設 手数料 管理手数料	不要	不要	不要

金融庁の情報を参考に筆者作成

たとえば株や投資信託で投資をする場合には、まずはなるべくＮＩＳＡを活用して、非課税の恩恵を受けるべきでしょう。

5 minutes action
今すぐできる、5分アクション

税金が減るとどうして有利なのか、ＤＡＹ52を見て復習しよう

Get rich with just 5 minutes per day

DAY 56

一般NISAと、つみたてNISAはどちらがいいの？

長期積立分散投資をするなら、つみたてNISA

これからNISAを利用するなら、一般NISAとつみたてNISAのどちらがいいのでしょうか。それを決めるポイントは、トータルの非課税金額と非課税期間にあります。

つみたてNISAとは、積立投資専用の「NISA」です。NISAという名がついていることから、一般NISA同様、投資によって得られた売却益（譲渡益）や分配金の運用益は非課税になるという制度です。

つみたてNISAで非課税となる投資額上限額は、年間40万円までです。一般NISAの年間120万円と比べると3分の1ですが、その代わり**非課税期間は20年と長期になっています。**現状、投資できる期間は2037年までですが、これが2042年までに延長されます。それも含めると、2018年から投資していた人は最大で1000万円（40万円×25年）まで非課税で運用できます。

いっぽう、**一般NISAは、最大非課税金額は600万円（120万円×5年）**です。こちらも前述のとおり、2024年からは新NISAに移行しますが、それでも最大非課税金額は610万円（122万円×5年）です。**今からつみたてNISAをしていたほうが、トータルの非課税金額は多い**のです。

また、新NISAでの投資は2階建てとなり、1階部分にはつみたてNISAと同じ投資ができるようになります。新NISAの終了後はつみたてNISAにロールオーバー（資産を移して非課税で運用できる期間を延ばすこと）ができるようになることは、長期間の積立投資をするべきというサインにも読み取れます。

また、つみたてNISAの非課税期間は20年と長期であるということは、それだけ**複利効果**を味方につけられるということです。

複利とは、**元本から得られた利息を受け取らずに、元本に利息を組み入れて運用する方法**のこと。これにより、元本とその利息に対してさらに利息がつくことになります。複利効果は長期になればなるほど効果を発揮し、お金が増えるスピードが加速します。

つみたてＮＩＳＡで投資できる商品は、コストや資産残高など、金融庁が定めた基準を満たす投資信託・ＥＴＦに限定されています。また、つみたてＮＩＳＡは、「つみたて」と名があるとおり、必ずしも毎月である必要はありませんが、「定期的に継続して買い付け」を行う必要があります。安定した商品で長期でコツコツ資産形成をする場合には、非常に適した方法といえます。


ただし、**投資経験によっては、一般ＮＩＳＡを活用したほうがお得なケースもあります。**一般ＮＩＳＡでは、つみたてＮＩＳＡでは投資できない個別株やＲＥＩＴに投資することができることにくわえて、積立投資も一括投資もすることができます。個別株の場合、よいタイミングで一度に投資することができれば、場合によっては短期間で株価が何倍にもなることも。つみたてＮＩＳＡでは得られない大きな利益を手にする可能性はあります。

ＮＩＳＡ口座は１人１口座までとなっています。一般ＮＩＳＡとつみたてＮＩＳＡはどちらかの選択制となりますが、一度どちらかに決めたら永遠に変更できないということはなく、**１年ごとに運用を切り替えることができます。**ご自身の資産運用の目的に合わせて上手に使い分けましょう。

5 minutes action
今すぐできる、5分アクション

一般NISAとつみたてNISA、自分にとってどちらが良いかを考えよう

Get rich with
just 5 minutes per day

DAY 57

ポイントでも投資できるって本当ですか？

普段買い物などで貯めているポイントでも投資ができます

Ｔポイント、ｄポイント、楽天ポイントをはじめとして、ポイント会社と証券会社などがタッグを組んで、ポイント投資のサービスを続々と展開しているのです。

ポイント投資は、株や投資信託といった金融商品にポイントを利用して投資できるサービスです。通常の投資と同じく、買った商品が値上がりすれば利益が出ますし、逆に値下がりすれば損失が出ます。しかし、ポイント投資の元手は基本的には買い物などで手に入れたポイントですから、仮に値下がりしても手持ちの現金や銀行預金などが減ることはありません。ですから、初心者の方でも取り組みやすい投資だといえます。ポイント投資には、大きく分けて「**現金購入型**」と「**ポイント連動型**」の２種類があります。

主な現金購入型サービス

ポイント名	サービス名	運用会社	投資対象	取引手数料	出金手数料
楽天ポイント	ポイント投資	楽天証券	◎国内株式 ◎投資信託 ◎バイナリーオプション	（株式の例） 1日の約定代金100万円まで無料（いちにち定額コース）	無料
dポイント	日興フロッギー	SMBC日興証券	◎国内株式 ◎ETF ◎REIT	購入時：無料 売却時：売却価格の0.5% ※約定代金100万円以下の場合	無料
Tポイント	Tポイント投資	◎SBIネオモバイル証券（株・FX） ◎SBI証券（投資信託） ◎bitFlyer（仮想通貨）	◎国内株式 ◎FX ◎投資信託 ◎仮想通貨	（株式の例） 月間の約定代金50万円まで無料 ※別途月額利用料220円	無料
LINEポイント	LINEポイント	LINE証券	◎国内株式 ◎ETF ◎REIT ◎投資信託	購入時：無料 売却時：99円 ※約定代金5万円以下の場合	1回220円（税込） ※LINE Payへの出金は無料
松井証券ポイント	松井証券ポイントプログラム	松井証券	投資信託（3種類）	無料	無料
インヴァストカードポイント	マネーハッチ	インヴァスト証券	海外ETF	無料	無料
トラノコポイント	ポイントで投資 マイルで投資	トラノコ	投資信託（3種類）	月額利用料300円（申込後3カ月は無料）	1回300円

※2020年12月17日時点

現金購入型なら、ポイントを元手に本格的な投資ができます。

現金購入型は、選んだ株や投資信託を、ポイントを現金に換えて実際に購入し、利益を現金で受け取れるものです。元手がポイントというだけで、あとは本格的な投資です。実際に金融商品を購入することになりますので、証券会社等への口座開設が必要ですが、その分本格的な投資ができます。購入した金融商品を売って引き出せば、現金で受け取ることができます。

対する**ポイント連動型**は、選んだ株や投資信託などの値動きに合わせてポイントが連動して、増減する仕組みになっています。実際に商品を買うわけではないので、証券会社等の口座開設も不要。利益もポイントで受け取ります。金融商品が値上がりしてから引き出すと、より多くのポイントがもらえるのです。

ポイント投資は基本的にポイントがなければできませんので、「**投資に回してもいいポイントがある**」ことがポイント投資サービス選びの何よりの条件です。とはいえ、ポイント投資は、株でも投資信託でも少ないポイントでスタートできるのがメリット。たとえば株なら通常１００株単位、数万~数十万円は必要ですが、現金購入型なら1株単位、数百ポイント程度から投資できます。さらにポイント連動型ならば、より少ないポイントで

主なポイント連動型サービス

ポイント名	サービス名	運用会社	投資対象	取引手数料	引き出し
楽天ポイント	楽天 PointClub：ポイント運用	楽天証券	投資信託（2種類）	無料	楽天ポイントとして引き出し
dポイント	dポイント投資	NTTドコモ	投資信託・ETF（計10種類）	無料	dポイントとして引き出し
Pontaポイント	Stock Point for CONNECT	コネクト（大和証券グループ）	◎国内株式（約100銘柄） ◎ETF（6銘柄）	無料	Pontaポイントに戻す際に1％の手数料
Stock Point	StockPoint	STOCK POINT	◎国内株式（約180銘柄） ◎外国為替（米ドル） ◎REIT ◎投資信託 ◎仮想通貨	無料	StockPointを元のポイントに戻して引き出し
永久不滅ポイント	永久不滅ポイント運用サービス	マネックス・アセットマネジメントセゾン投信	◎投資信託 ◎国内株式	無料	永久不滅ポイントとして引き出し
PayPayボーナス	PayPayボーナス運用	PayPay証券（旧OneTap BUY）	投資信託（2種類）	無料	PayPayボーナスとして引き出し

※2020年12月17日時点

ポイント連動型は、選んだ株や投資信託に連動してポイントが増減するサービス。

も投資できます。

もし、そうしたポイントがあるのならば、まずはポイント投資に回してみることをおすすめします。

ポイント投資といえども投資ですから、増えることもあれば減ることもあります。しかし、元手は「おまけ」のようなポイントですので、投資のハードルは、自分のお金を出すよりずっと低いでしょう。また、実際に値動きを見ると「どうして値上がり（値下がり）したのだろう」と気になるはずです。こうしたことから**投資を学び、楽しんでいけば、将来の自分の資産運用にもきっと役立ちます。**もちろん、ポイントが増えたら嬉しいですよね。投資へのはじめの一歩として、ぜひ試してみてください。

5 minutes action
今すぐできる、5分アクション

自分が保有しているポイントで投資に使えるものがないか、調べてみよう

Get rich with
just 5 minutes per day

DAY 58

自分に合った投資の目標は、どう決めたらいいですか？

世界の経済成長率と同じ3％を投資の目標の「ひとつの基準」にしよう

投資を行うにあたってはじめにするべきことは、**貯蓄と同じで「目標を決めること」です。**積立投資の投資期間は数十年に及ぶこともざらです。**モチベーションを維持するためにも、はっきりとした目標をたてておきましょう。**「住宅資金」「教育資金」「老後資金」でもいいですし、「○○が欲しい」「旅行に行きたい」などでも結構です。目標を**具体的**にして、それに**必要な目標金額、達成するための投資期間**を明確にするのが重要です。

目標金額と投資期間が決まると、毎月の投資金額や必要な運用利回りがわかってきます。

ここでは、簡単に計算するための速算表を紹介します。

必要な運用利回り・掛金がわかる表

		期間							
		5年	10年	15年	20年	25年	30年	35年	40年
運用利回り	1%	61.50	126.15	194.11	265.56	340.67	419.63	502.63	589.89
	2%	63.05	132.72	209.71	294.80	388.82	492.73	607.55	734.44
	3%	64.65	139.74	226.97	328.30	446.01	582.74	741.56	926.06
	4%	66.30	147.25	246.09	366.77	514.13	694.05	913.73	1,181.96
	5%	68.01	155.28	267.29	411.03	595.51	832.26	1,136.09	1,526.02
	6%	69.77	163.88	290.82	462.04	692.99	1,004.52	1,424.71	1,991.49
	7%	71.59	173.08	316.96	520.93	810.07	1,219.97	1,801.05	2,624.81
	8%	73.48	182.95	346.04	589.02	951.03	1,490.36	2,293.88	3,491.01
	9%	75.42	193.51	378.41	667.89	1,121.12	1,830.74	2,941.78	4,681.32
	10%	77.44	204.84	414.47	759.37	1,326.83	2,260.49	3,796.64	6,324.08

目標金額と期間から、毎月の投資額を計算しよう。

たとえば、現在30歳の方が老後資金として30年後に２０００万円を貯めるとします。仮に運用利回り３％をめざす場合、月々の投資に回す金額は２０００万円をこの表の「30年」と「３％」が合わさったところにある数値（５８２・74）で割った金額（税金は考慮せず）となります。つまり、この場合は２０００万円÷５８２・74＝約３万４３００円を毎月投資に回していく必要があるということです。**掛金を多く、期間を長く、運用利回りを高くするほど、目標金額は達成しやすくなります。**

もっとも、仮に「利回り３％で達成できる」とわかっても、実際に利回り３％で運

世界全体の経済成長率（1980年～2025年）

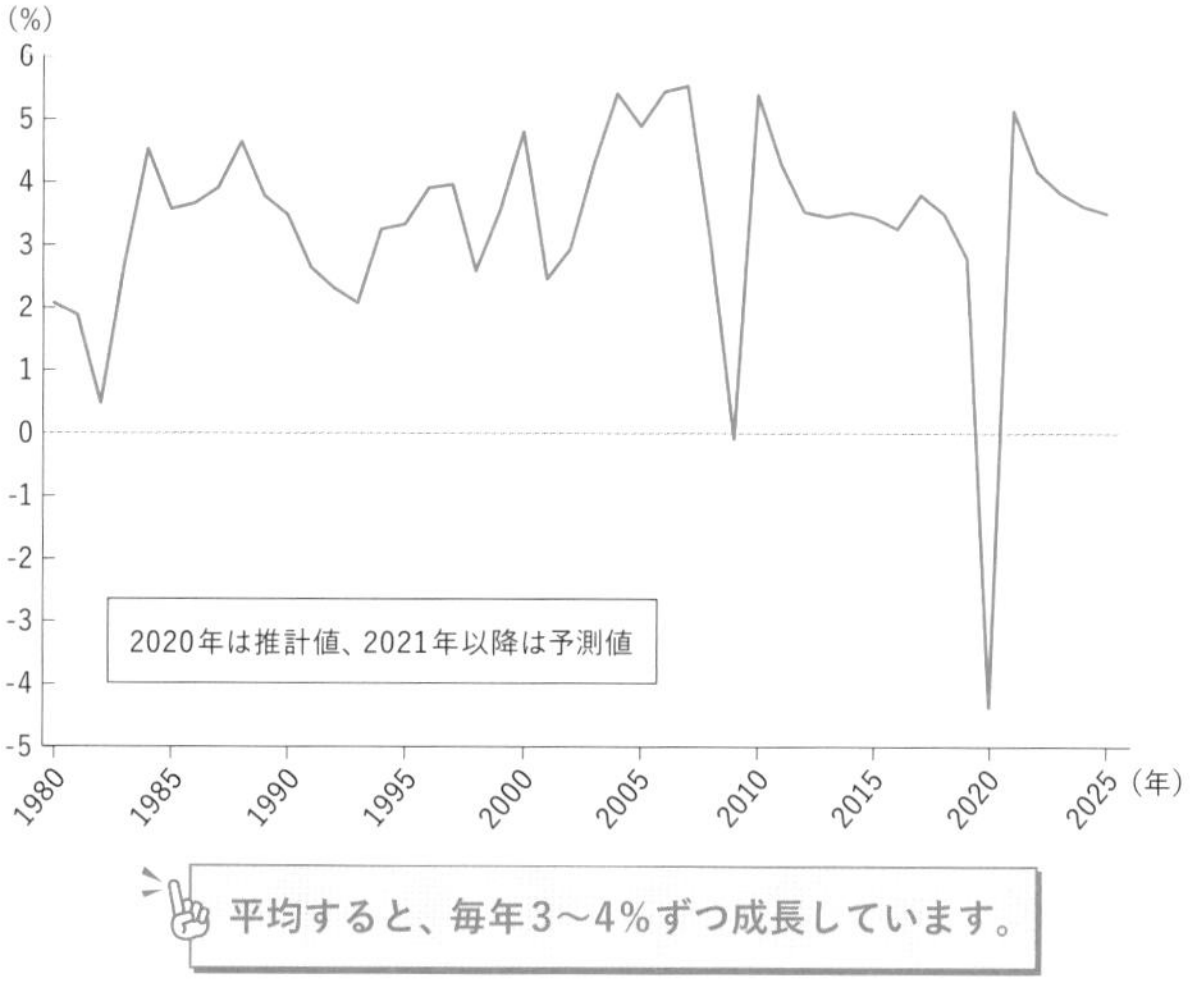
(%)
2020年は推計値、2021年以降は予測値
(年)
平均すると、毎年3～4%ずつ成長しています。

IMF「World Economic Outlook Database, October 2020」より筆者作成

用できるとは限りません。何せ普通預金の金利が0・001％、高金利のところを探してもせいぜい0・1％程度というのが現状です。それを考えれば、**3％は高望みのように思えるかもしれません。しかし、目を世界に転じれば、決してそれが飛び抜けた目標ではないことがわかります。**

上図は、1980年以降の世界全体の実質GDP成長率をグラフで表したものです。GDPは「国内総生産」のことで、一定期間（ここでは年）に新たに生み出された物やサービスの付加価値の総額。平たくいえば、儲けの合計額を表します。

この実質GDP成長率を平均すると、

だいたい3～4％程度に収まります。つまり、**世界はさまざまな経済活動の結果、毎年3～4%ずつ成長している**のです。もちろん、単年で見れば、世界的な不況となったリーマンショックの後の２００９年は０％をわずかに下回っています。また、２０２０年のコロナショックではそれを超える、－４％以上もの大幅な落ち込みを見せています。しかし、リーマンショックの翌年は大きく立ち直っていますし、ＩＭＦ（国際通貨基金）の予測でも２０２１年以降は回復を見込んでいます。

仮に世界がこれからも平均して3～4％ずつ成長していくとしたら、世界中に分散投資するタイプの投資信託を買うことで、年3～4％程度の利回りが望めることになります。

ですから、まずは**利回り3%をひとつの基準として考える**ようにしましょう。

5 minutes action
今すぐできる、5分アクション

いつまでにいくら貯めたいか、目標を考えよう

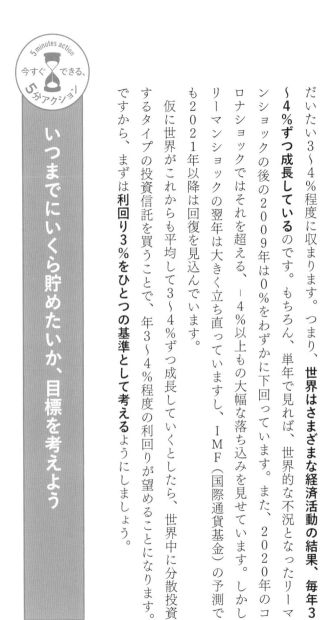

Get rich with
just 5 minutes per day

DAY 59

ポートフォリオってなんですか?

資産の組み合わせのことです。資産運用はポートフォリオを考えることが大切

投資のリスクを抑え、堅実に資産を増やしていくには、ひとつの商品のみに投資するのではなく、**値動きの異なる複数の商品に分散投資することが重要**です。

投資の格言に「卵はひとつのカゴに盛るな」というものがあります。もし、卵をひとつのカゴに盛ってしまうと、万が一そのカゴを落としたときに全部割れてしまいます。しかし、卵が複数のカゴに分けてあれば、たとえどれかを落としたとしても他の卵は無事です。資産も卵と同じで、複数に分けておくことで、値動きが安定するのです。

ポートフォリオとは、資産の組み合わせのことです。投資する商品によってリスク・リターンが異なること、リスクとリターンはトレードオフの関係にあることを説明しました。どの資産にどれだけ投資するかによって、ポートフォリオはローリスクにもハイリスクにもなり、期待できるリターンも変わります。

一般的に、投資する資産のリスクは債券より不動産、不動産より株式のほうが高くなります。同様に、投資先の国のリスクは国内より先進国、先進国より新興国のほうが高くなります。できるだけ儲けたいからと新興国の株式や外貨だけに投資してしまうと、大きく損をする可能性が出てきます。だからといって、安全にいきたいからと国内債券の投資信託だけに100％投資してしまうと、今度はほとんど増えないということになりかねません。ですから、**自分がどれだけのリスクをとれるのか、どれだけのリターンが欲しいのかを考えてポートフォリオをつくり、複数の資産を組み合わせて投資をすることが大切なのです。**

投資する資産や地域が違うと、値動きも変わります。たとえば、債券の価格が値下がりしているのに、株式の価格が値上がりしている、といったことはよくあります。また同じ

分散投資

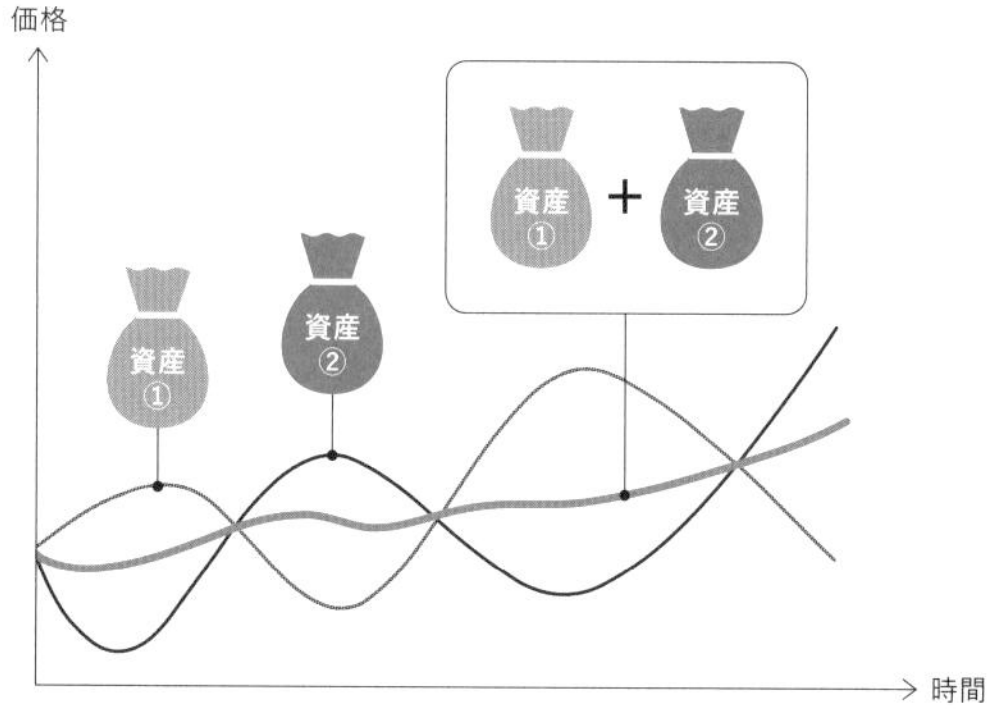

違う値動きをする資産①と資産②を組み合わせると片方の値下がりをもう片方がカバーし、堅実に増やしやすくなります。

出所：金融庁「つみたてNISA早わかりガイドブック」

株式でも、日本の株式が下落しているときに米国の株式が上昇している、といったこともあるのです。こんなときに、債券しか持っていなかったら、あるいは日本株しか持っていなかったら、資産を大きく減らすことになるかもしれません。卵をひとつのカゴに盛っていると、危ないのです。

　では、債券と株式、あるいは日本株と米国株、両方とも持っていたらどうでしょうか。上の図のように、**ある資産の値下がりを他の資産でカバーしながら損失を抑え、資産を増やすことができるのです。これが分散投資の考え方**です。

　また、積立で値動きのある商品を定期的

積立投資

投資信託1万口の価格推移	1ヶ月目 1万円	2ヶ月目 2万円	3ヶ月目 5,000円	4ヶ月目 1万円	
最初に4万円分 購入した場合	4万円	0円	0円	0円	購入総額4万円 購入口数**計4万口** 平均購入単価 （1万口あたり） 1万円
	4万口	0口	0口	0口	
毎月1万円ずつ 購入した場合 **積立投資**	1万円	1万円	1万円	1万円	購入総額4万円 購入口数**計4万5,000口** 平均購入単価 （1万口あたり） 約9,000円
	1万口	**5,000口**	**2万口**	1万口	

価格が**高い**ときは
少なく購入することになります

価格が**安い**ときは
多く購入することになります

積立投資なら値動きを気にせず買うだけなのに、一括投資した場合より平均購入単価が下がります。

に一定額ずつ購入すると、価格が高いときには少ししか買えず、価格が安いときにたくさん買えます。この購入方法を「ドルコスト平均法」といいます。積立投資を利用すると、平均購入価格が抑えられ、価格が大きく上がらなくても利益が出せる可能性が増します。

上の表では、投資信託を一気に4万円分買った場合と、毎月1万円ずつ合計4万円ずつ購入した場合の結果の違いを表しています。1万円ずつ購入したほうが、結果としてたくさん買うことができています。

では、資産や地域を分散して積立投資を行った場合、平均の運用成果はどうなるで

資産・地域を分散して積立投資を行った場合の運用成果の実績【保有期間別（5年、20年）】

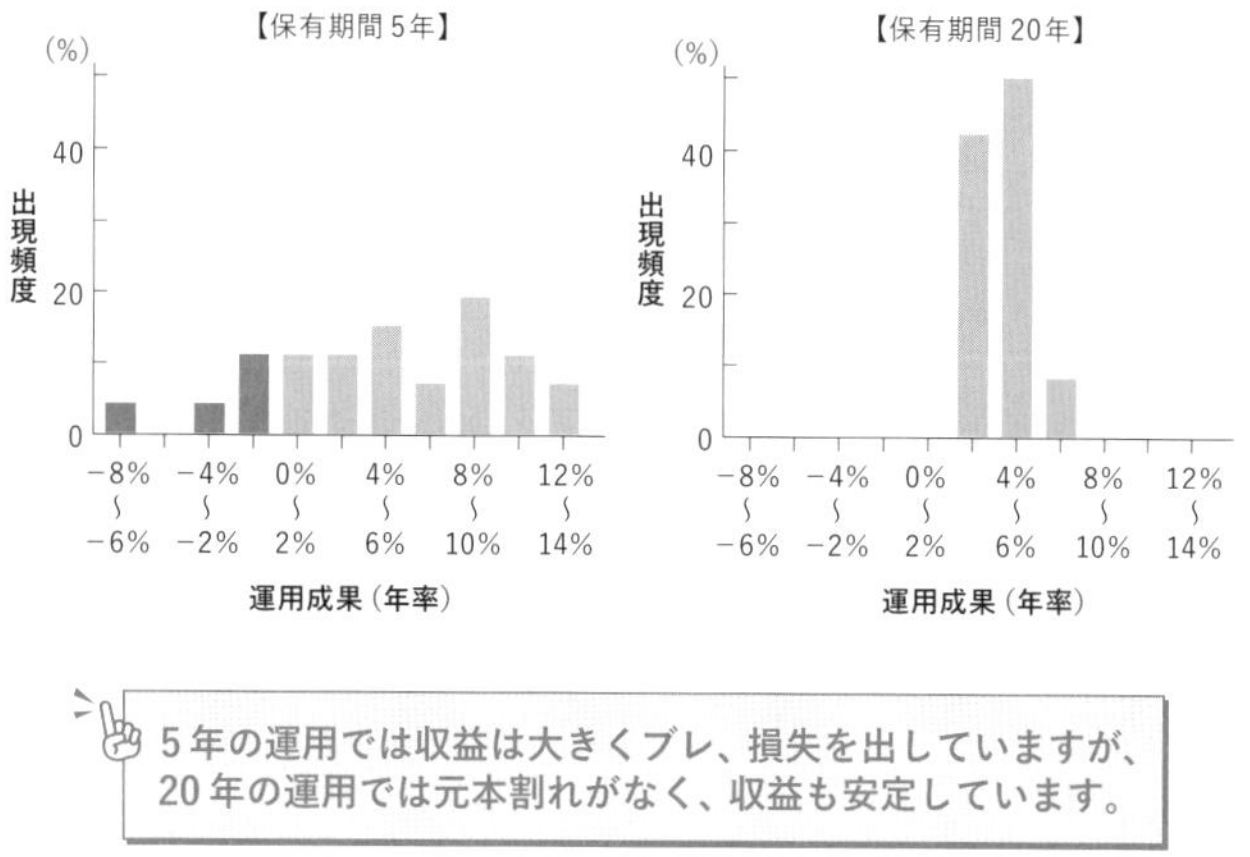

出所：金融庁

しょうか。

金融庁の試算によると、上図の「保有期間5年間」では、一部元本割れしています。しかし、「保有期間20年間」になると、運用成果は2〜8％の間に収まっていることがわかります。あくまで過去のデータ上の話ですが、元本割れを起こしていないのです。つまり、**「長期」「積立」「分散」の3点を踏まえた投資は、堅実**なのです。

今すぐできる、5分アクション
5 minutes action

逆に「短期投資」「一括投資」「集中投資」をしたらどうなるか、想像してみよう

プロは、どうやってお金を減らさずに増やしているんですか？

プロも活用している「コア・サテライト戦略」を真似しよう

プロは「**お金を減らさずに増やす**」運用をしています。

次ページの図は、20年間の積立・分散投資の効果を示したものです。

１９９５年から２０１５年までの20年間、仮にお金を定期預金に預けていた場合は、年平均０・１％、20年で１・32％しか増えなかったのです。しかし、国内の株・債券に半分ずつ投資した場合は、年平均１・９％、20年で38％増えています。さらに、国内・先進国・新興国の株・債券に６分の１ずつ投資した場合は、年平均４・０％、20年で79・９％も増えているのです。ですから、**基本は国内外の株・債券に分散投資する方針でいいで**

1995〜2015年までの20年間、長期・積立・分散投資をした場合の資産の増加率

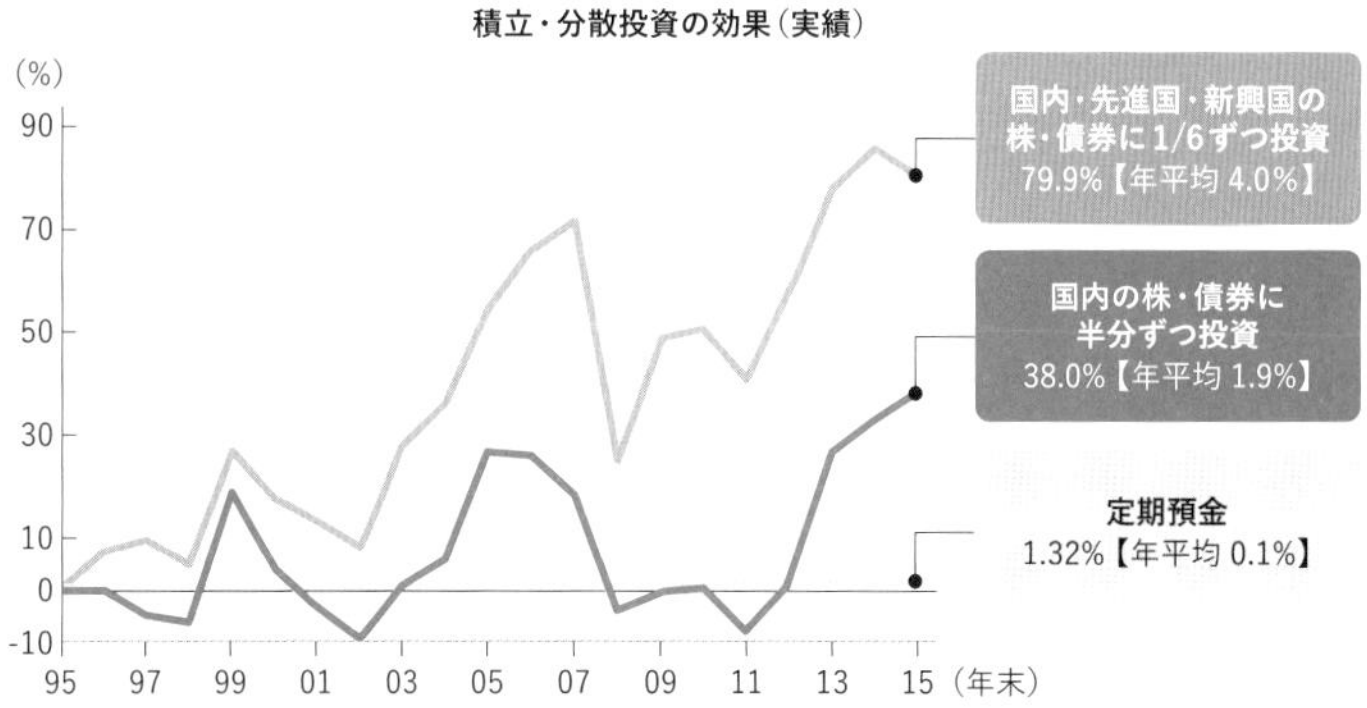

分散するかしないかで結果が大きく変わります！

出所：金融庁「つみたてNISA早わかりガイドブック」

しょう。

実は、このような分散投資の方法は、公的年金を運用するGPIF（年金積立金管理運用独立行政法人）も採用しています。GPIFでは、年金積立金を管理・運用して収益を上げ、将来の国民年金・厚生年金の支払いにあてています。その運用資産額はなんと160兆円以上もあります。

年金は、大きく減ってしまっては大変です。ですから、安定した運用をするために、複数の資産に分散投資している、というわけです。

ＧＰＩＦのポートフォリオは、具体的には、

国内債券　25％
外国債券　25％
国内株式　25％
外国株式　25％

を基本としています。

その結果、ＧＰＩＦの資産がどうなっているかというと、**2001年度から2020年度の第2四半期（7～9月）の約20年間の収益率は＋3・09％、収益額は累積で74・9兆円にもなっているのです。**四半期別収益率で見ると、減っているときもあります。しかし、トータルでこれだけ増やせているという事実は、**長期・積立・分散投資が有効であることを示している**といえます。

投資の基本的な考え方は、160兆円を運用するＧＰＩＦでも、これから投資を始め

コア・サテライト戦略

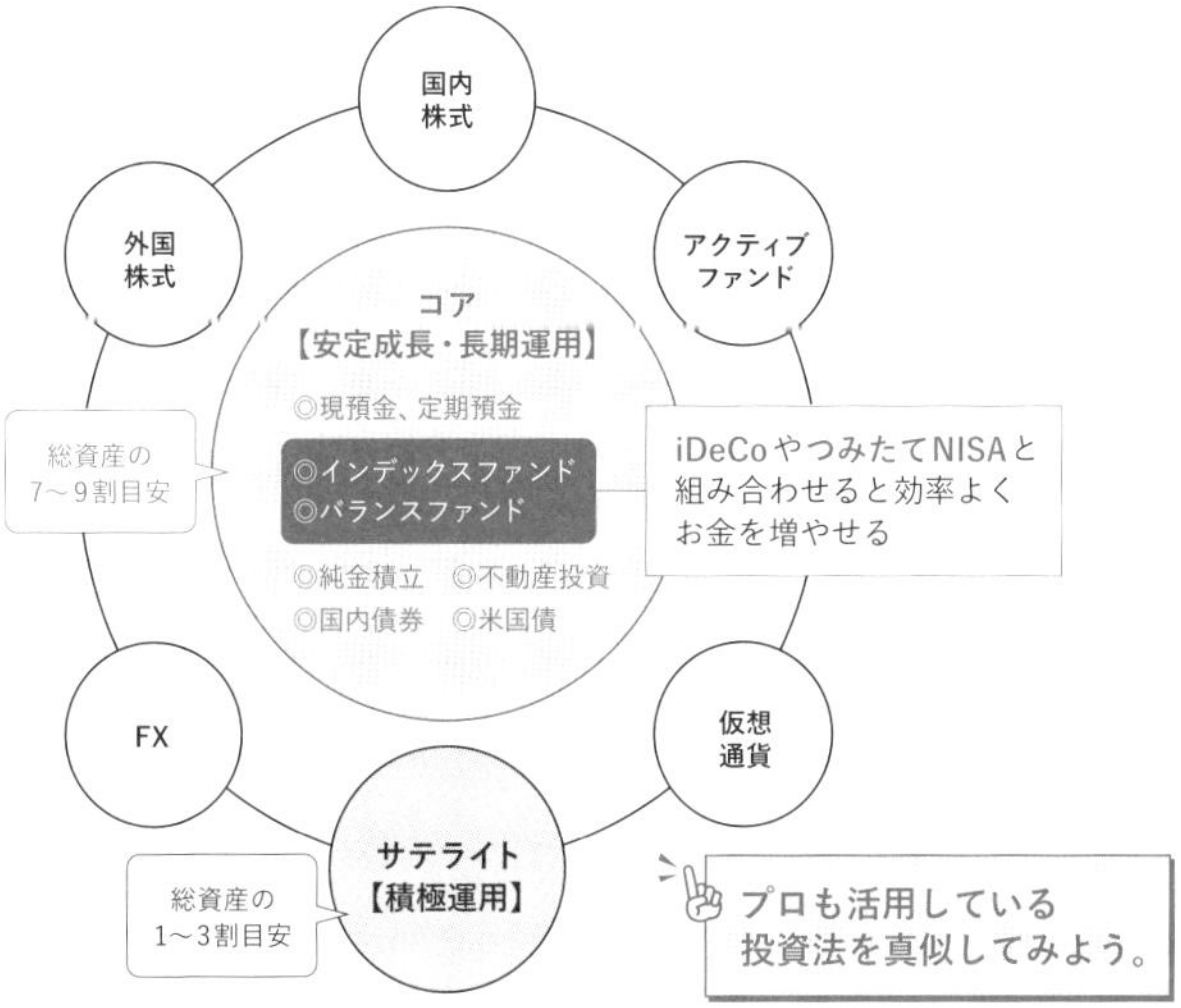

る人でも同じです。とはいえ、資産すべてを投資に費やしてはいけません。自分の資産全体のポートフォリオを考えておく必要があります。もっとも、お金を少しでも増やしたいからといって、持っているお金をすべて投資に回してしまうのは危険です。すでにお話ししたとおり、お金は目的別に適した資産で貯めるべきです。資産全体をリスク資産と無リスク資産に分けて考え、預貯金や国債などの無リスク資産をしっかり確保し、過度にリスクをとらないように資産管理をすることが大切です。

そこでおすすめしたいのが「**コア・サテライト戦略**」です。具体的には、資産を

「コア」と「サテライト」に分けて、大半を占める「コア資産」については長期運用で安定的な成長を目指し、一方の「サテライト資産」に関しては積極的に利益をとっていこうという運用戦略です。生命保険会社などの機関投資家は、この戦略をよく活用しています。

資産の内訳は、**「コア資産」が総資産の7〜9割、「サテライト資産」が残りの1〜3割で考えます**。大半を占めるコア資産で安定運用をしながら、サテライト資産ではもう少しワクワクする投資、「増やす楽しみ」を狙うことができます。

サッカーにたとえると、コア資産であるゴールキーパーやディフェンダーでしっかりと守りを固めておくことで、サテライト資産であるフォワードが積極的に攻めのプレーができる、ということなのです。

コア・サテライト戦略の考え方は、個人の資産運用にも応用が可能です。

個人で「コア・サテライト戦略」を考える際に重要なのは、資産全体を対象にすることです。株や投資信託といったリスク資産の中だけで「コア」「サテライト」を考えるのではなく、現預金や個人向け国債といった無リスク資産を含めたすべての資産で考えていきましょう。

5 minutes action
今すぐできる、5分アクション

自分ができるコア・サテライト戦略を、イメージしてみよう

Get rich with
just 5 minutes per day

DAY 61

株、債券、ＦＸなどありますが、自分に合った投資方法について教えてください

リスク許容度診断ツールを参考に自分に合った投資方法を探そう

投資商品選びや資産配分を決めるときに重要なのが、**リスク許容度**です。もし、損をしてしまった場合、どのくらいまでなら耐えられるかを表します。リスク許容度は一般的に、収入・資産・年齢・投資経験・リスク選考などによって変わります。

たとえば、同じ１００万円を投資するにしても、収入や資産の少ない人にとっては勇気がいるかもしれませんが、多い人にとってはさほど負担に感じないかもしれません。このとき、収入や資産の少ない人のリスク許容度は低く、逆に多い人のリスク許容度は高いといえるでしょう。また、この１００万円が1年後に50万円になっても大丈夫な人もいれば、95万円になっただけでもショックで耐えられないと感じる人もいます。もちろんお金が減るのは嫌でしょうが、感じ方は人それぞれなはずです。同様に、年齢が若いほど、運用期間が長いほど、投資経験が多いほどリスク許容度は高いといえます。

これを踏まえて、自分に合った運用を見つけるために、ぜひP311の図の「**リスク許容度診断ツール**」を活用してください。YES・NOで答えるだけで、リスク許容度を踏まえた目標利回りがわかります。

運用スタイルは、**リスク許容度が高い順に、**「**積極運用**」「**バランス運用**」「**安定運用**」**に分類しています。**この分類に合わせて、コア・サテライト戦略で運用する資産を考えていきます。

目標利回りが5%以上の積極運用をする場合は、コア・サテライト戦略のサテライト部分を増やす運用を考えてもいいでしょう。先進国・新興国の株式やアクティブファンドなどをサテライト資産として取り入れます。とはいえ、それでも資産の7割ほどはコア資産にすることを忘れずに。あくまで守りながら攻めるのがコア・サテライト戦略です。

目標利回りが3~4%のバランス運用では、文字どおりバランスのとれた運用を行います。機関投資家などやプロの投資家と同様の戦略です。投資信託の中には、1本で複数の資産に投資できるバランス型投資信託がありますが、こちらを選ぶと手軽に分散投資ができます。

そして、**目標利回りが1〜2%の安定運用**では、極力元本を減らさないような運用を行います。投資信託であれば債券を多く含むもの、iDeCoであれば預金や保険など、元本確保型の商品も視野に入ります。コア・サテライト戦略でも、コア部分で9割以上を確保し、サテライト部分は控えめにします。ただし、iDeCoやつみたてNISAの非課税メリットをしっかり生かすには、掛金を増やし、ある程度リスクをとった運用をすることも必要です。

このように、**運用スタイルがわかれば、おのずと投資商品選びや資産配分が決まり、自分のポートフォリオもできてくる**でしょう。

5 minutes action
今すぐできる、5分アクション

自分のリスク許容度を診断してみよう

リスク許容度診断ツール

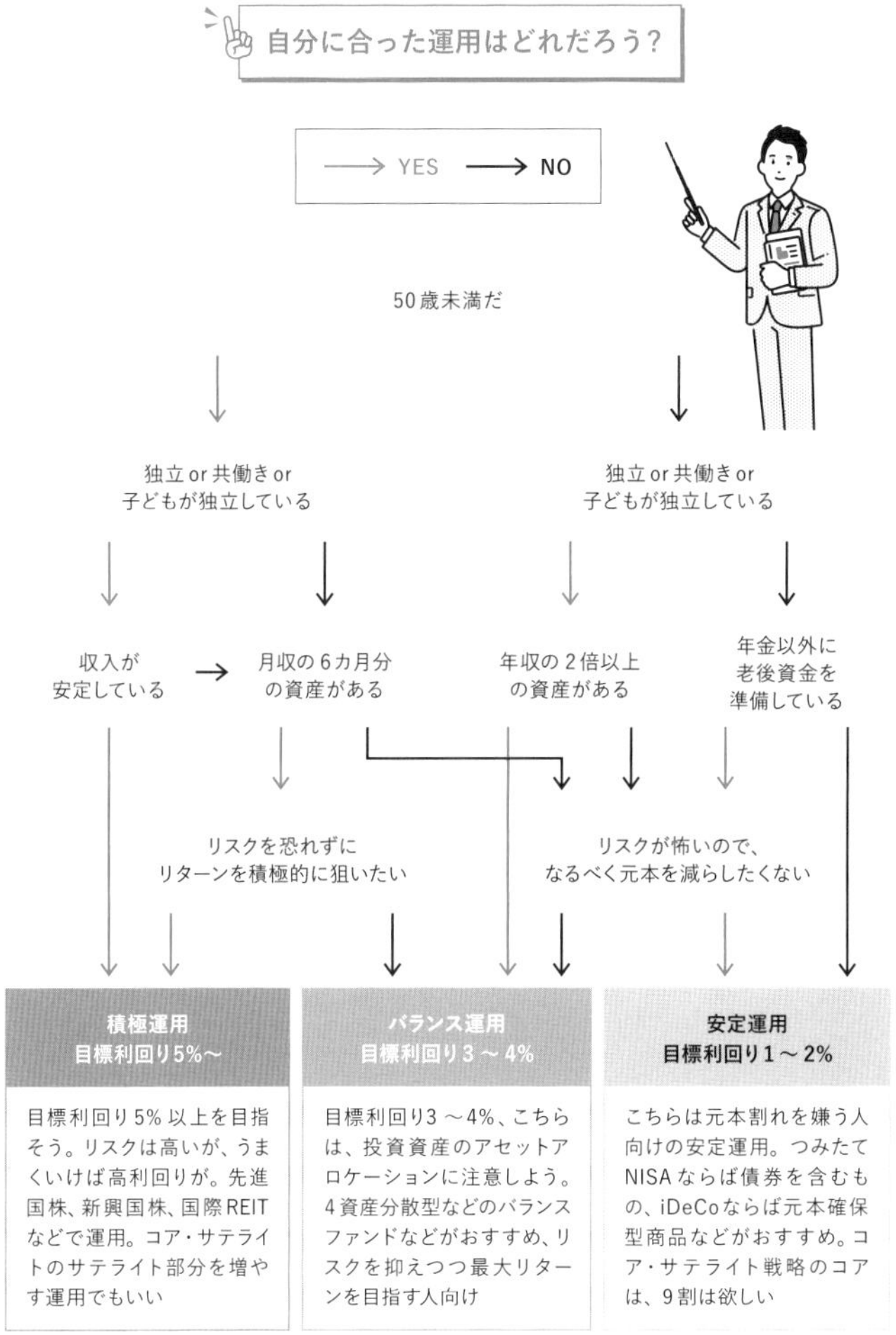
自分に合った運用はどれだろう？
YES
NO
50歳未満だ
独立 or 共働き or
子どもが独立している
独立 or 共働き or
子どもが独立している
収入が
安定している
月収の 6 カ月分
の資産がある
年収の 2 倍以上
の資産がある
年金以外に
老後資金を
準備している
リスクを恐れずに
リターンを積極的に狙いたい
リスクが怖いので、
なるべく元本を減らしたくない
積極運用
目標利回り5%〜
目標利回り5% 以上を目指そう。リスクは高いが、うまくいけば高利回りが。先進国株、新興国株、国際REITなどで運用。コア・サテライトのサテライト部分を増やす運用でもいい
バランス運用
目標利回り 3 〜 4%
目標利回り3 〜4%、こちらは、投資資産のアセットアロケーションに注意しよう。4 資産分散型などのバランスファンドなどがおすすめ、リスクを抑えつつ最大リターンを目指す人向け
安定運用
目標利回り 1 〜 2%
こちらは元本割れを嫌う人向けの安定運用。つみたてNISA ならば債券を含むもの、iDeCo ならば元本確保型商品などがおすすめ。コア・サテライト戦略のコアは、9 割は欲しい

Get rich with just 5 minutes per day

DAY 62

おすすめの投資方法があれば教えてください

コア資産には投資信託、サテライト資産には株がおすすめ

投資の基本的な戦略は今までお話ししたとおり、コア・サテライト戦略を実践することです。総資産をコア資産7〜9割（預貯金を含む）、サテライト資産1〜3割になるように分けて、それぞれに適した商品を購入します。たとえば、今総資産が１００万円だとしたら、70万〜90万円はコア資産、残りの10万〜30万円はサテライト資産に分けて商品を買い、運用していきます。

とはいえ、ひとくちに**コア向きの資産・サテライト向きの資産といっても、さまざまな商品があります**。どれを買うべきか、どう組み合わせるか、迷う方もいるでしょう。そこで、はじめて投資をする方向けの、おすすめの投資方法と組み合わせを紹介します。

コア資産としておすすめなのは、投資信託です。復習になりますが、投資信託は、投資家から集めた資金をひとつにまとめて、運用のプロ（ファンドマネジャー）がさまざまな商品に投資してくれる商品です。インデックス型・バランス型と呼ばれる投資信託をメインにしていくのがいいでしょう。

インデックス型・バランス型の投資信託は、iDeCoやつみたてNISAと組み合わせて購入します。非課税の恩恵を受けながら積立投資をすることで、税金を節約しながら効率よくお金を増やすことができます。

一方の**サテライト資産としておすすめなのは、株（株式投資）**です。こちらも改めて説明すると会社が発行する株を売買して利益（値上がり益）を狙ったり、配当金・株主優待といった利益を受け取ったりすることができます。何より、経済の成長には会社の成長が欠かせません。その成長を応援できるのも株式投資のいいところです。

まったく投資をしたことがない方はとくに不安かもしれませんが、無理のない金額で実際に投資に取り組んで、お金を働かせて少しずつ増やす経験を積むと、不安も減っていくことでしょう。

まずは**毎月3000～5000円程度で十分**です。このくらいであれば、少なすぎるということもありませんし、かといって家計の負担になる金額でもないでしょう。投資に限った話ではありませんが、**何事も最初の一歩が肝心**です。試してみることで、お金の増減だけでなく、投資の楽しさにも気づけるはずです。

慣れてきたら、徐々に投資金額を増やしていけばいいでしょう。いきなり金額を増やす必要はありません。少しずつ貯蓄体質・投資体質に変え、資産をつくっていきましょう。

5 minutes action
今すぐできる、5分アクション

①金融機関のウェブサイトでつみたてNISAで購入できる投資信託を調べよう
②どんな企業の株が購入できるのかを調べよう

Get rich with
just 5 minutes per day

DAY 63

投資信託はどのように選べばいいですか？

インデックス型・バランス型をメインにしましょう。選ぶ際には6つのチェック項目があります

インデックス型・バランス型の投資信託を選ぶときには、次のポイントを押さえておきましょう。

❶指標は広く投資するものがいい

たとえば日経平均株価とＴＯＰＩＸで考えると、日経平均株価は東証1部の２２５銘柄、ＴＯＰＩＸは東証1部の全銘柄（２０００銘柄以上）をもとに算出しています。

ＴＯＰＩＸのほうがより幅広く投資できるため、分散投資の効果も高まると考えられます。

投資信託にかかる手数料

購入時
購入時手数料
投資信託を購入するときに一時的にかかる手数料
かからない商品のほうがおトク！
つみたてNISA・iDeCoなら無料
保有中
信託報酬
重要！
投資信託を保有している間ずっと支払う手数料
手数料が低いほうがおトク！
つみたてNISA・iDeCoなら安いものが多い
売却時
信託財産留保額
投資信託の解約時の手数料
解約時に徴収して運用を安定させる手数料なので、長期保有者にはあったほうが有利

投資信託を選ぶ際は、手数料を必ず確認しよう！

❷信託報酬は安いほどいい

投資信託には、買うときに**購入時手数料**、持っている間に**信託報酬**、売るときに**信託財産留保額**という手数料がかかる場合があります。この中でもっとも重要なのは信託報酬です。長期間投資するほど金額が増えるため、少しの差でもやがて大きな差に。できるだけ安いものを選びましょう。

なお、iDeCoやつみたてNISAを利用すると、購入時手数料がかかりません。また、信託報酬も安い商品が多く取り揃えられています。

❸純資産総額は大きいほうがいい

純資産総額は、投資信託が組み入れている株式や債券などの資産の合計金額（時価総額）です。

インデックス型・バランス型なら純資産総額は大きいほうがいいでしょう。純資産総額が低いままだと、その商品が目指す運用がしにくくなるうえ、途中で運用を中止する「繰上償還」が行われる可能性もあります。

❹運用成績は中長期で順調に伸びているものがいい

株式の「株価」のように、投資信託の値段を表すのが基準価額です。

これが純資産総額とともに順調に伸びている投資信託をチェックしましょう。運用成績が伸びれば利益も増え、運用もしやすくなります。できれば、**5年、10年と中長期で堅調な成績を出している投資信託を選びましょう。**

❺シャープレシオは高いほうがいい

シャープレシオは「リスクに見合った利益が得られているか」を表す指標です。

シャープレシオが大きいほど、リスクのわりに高いリターンを得ていることになります。とくに、同ジャンル・同カテゴリの投資信託を比較する際に役立ちます。

❻トラッキングエラーは小さいほどいい

トラッキングエラーは、ベンチマークと投資信託の値動きの差を数値で表したもの。つまり、**この数字が小さいほど、ベンチマークとする指標ときちんと連動している**、ということを表します。

以上を踏まえた、筆者おすすめの投資信託を3本紹介します。インデックス型では「SBI・全世界株式インデックス・ファンド」、バランス型では「eMAXIS Slimバランス（8資産均等型）」、「ニッセイ・インデックスバランスファンド（4資産均等型）」がおすすめです。

投資信託選びに迷ったら、ぜひ参考にしてみてください。

以下の数値は 2020/12/16 時点のもの

インデックス型 **SBI・全世界株式インデックス・ファンド**

信託報酬	純資産総額	基準価額
0.1102%	125億8,900万円	12,131円

トータルリターン			
1年	3年（年率）	5年（年率）	設定来
+9.79%	+6.24%	—	+18.93%

米国の株式・米国以外の先進国株式・新興国株式に投資する３本のETF（上場投資信託）に投資。日本を含む世界の大中小型株、約9,000銘柄に投資したのと同様の効果が得られます。信託報酬も安く、気軽に世界経済の成長の力を借りられる１本です

バランス型 **eMAXIS Slim バランス（8資産均等型）**

信託報酬	純資産総額	基準価額
0.154%	705億5,900万円	11,717円

トータルリターン			
1年	3年（年率）	5年（年率）	設定来
+1.24%	+3.20%	—	+15.39%

国内・先進国・新興国の株式と債券、国内外の不動産（リート）に投資するバランス型の投資信託。8つの資産に対して、12.5%ずつ均等に投資するわかりやすい仕組みや信託報酬の安さが人気で、純資産総額も堅調に増加しています

バランス型 **ニッセイ・インデックスバランスファンド（4資産均等型）**

信託報酬	純資産総額	基準価額
0.154%	85億2,000万円	12,766円

トータルリターン			
1年	3年（年率）	5年（年率）	設定来
+6.31%	+3.68%	+4.23%	+26.30%

国内の債券と株式、海外の債券と株式に均等に投資するバランス型投資信託。海外債券・株式は先進国のもので、新興国は含まないので、比較的リスクは控えめです。手数料も低水準で、信託報酬は「eMAXIS Slim」と競うように値下げしています

著者のおすすめ投資信託３本！

5 minutes action
今すぐできる、5分アクション

つみたてNISAでここで紹介した3本のどれかを購入してみよう

Get rich with just 5 minutes per day

DAY 64

株式投資はどのように選べばいいですか？

選び方には4つのポイントがあります。身近なところから投資のヒントを探ってみよう

株式投資で重要なのは、投資する株式（銘柄）の選び方です。次の4つのポイントを踏まえて探ってみましょう。いずれも、専門的な知識は不要です。

❶生活を快適で楽しいものにしているか

株価は、需要と供給の関係で変化します。多くの投資家が「欲しい」と思う銘柄の株価は上昇し、逆に「いらない」と思う銘柄の株価は下落します。投資家が、その銘柄を欲しい理由は、これから成長し、売上が上がると思うからです。

ですから、**ぜひ消費者目線で商品をチェックしてみましょう。**生活を快適で楽しいものにする商品、役に立つ商品はこのご時世でもどんどん売れます。すると、業績が上がって株価も上昇することが期待できます。そういった銘柄を前もって買っておけばいい、というわけです。

これに限らず、**株式投資のヒントは身近なところにあります。**電車の中吊り広告やテレビ・YouTubeなどのCMでやたらと広告が流れていたら、それは商品のPRやイメージアップを図って売上を拡大しようというタイミングかもしれません。また、コンビニの新商品や、自分とは違う世代で流行っているものなども鍵になるかもしれません。情報のアンテナを広げて、気になったものは調べてみましょう。

❷10年後、20年後も必要であり続けているか

たとえば、世界の人口は2030年には85億人、2050年には97億人、2100年には109億人と、よほどのことがない限りは増え続けるとみられています。こうした**長期的な潮流から必要なものを想像してみるのもおすすめ**です。人口が増えていくとどん

な問題・可能性が出てくるのか。一例ですが、食料問題や電力需要の増大などがあります。

また、日本を含め世界的に高齢化が進んでいきますが、シニアが求める商品・サービスの業界は「健康」「美容」「医療」「介護」などでしょう。

こうした長期的な潮流から必要な商品・サービス、業界を想像してみるのがおすすめです。

❸会社ならではの強みがあるか

他社がマネできない強みがひとつでもある会社は、それが成長エンジンとなって成長する余地があります。たとえばヤクルトは健康のニーズに応えて顧客も多いうえ、特許で守られているためなかなか他社が入りこむ余地がありません。またサンリオの「キティちゃん」のようなコンテンツも独自のものですし、世界中にライセンス契約がありますから強いでしょう。参入障壁を高くしている要素がないかを探してみてください。

❹成長・進化し続けるDNAがあるか

次の**プラットフォームになるようなものに積極的に投資をしている会社は、これからも成長・進化を続けるでしょう。**

日本にはそうした会社は残念ながら少ないのですが、米国のGAFAM（グーグル、アップル、フェイスブック、アマゾン、マイクロソフト）はその最たる例です。これらの会社はすでに世界的な大企業ですが、その地位に甘んじることなく企業買収を行い、設備投資・研究開発にお金をかけています。

株式の売買は、ネット上でのみ営業をしているネット証券がおすすめ。スマホやパソコンを利用して、いつでもどこでも注文が簡単にできるのはもちろんのこと、店舗の証券会社よりも手数料がずっと安いからです。

株式投資にかかる手数料は、売買時にかかる売買手数料があります。多くの証券会社では、1つの注文が成立（約定）するごとに手数料がかかるプランと、1日の約定代金の合計額で手数料が決まるプランの2つが用意されています。売買手数料がいくらでも、購入する株式自体は同じものですから、手数料は安いに越したことはありません。

主なネット証券の手数料

1注文毎の約定代金に応じた手数料（現物取引）

	10万円	20万円	30万円	50万円	100万円	200万円	300万円
楽天証券／SBI証券	¥90	¥105	¥250	¥250	¥487	¥921	¥921
マネックス証券	¥100	¥180	¥250	¥450	¥1,500	¥3,000	¥4,500
auカブコム証券	¥90	¥180	¥250	¥250	¥990	¥1,890	¥2,790
岡三オンライン証券	¥99	¥200	¥350	¥350	¥600	¥1,500	¥1,500
松井証券	1約定ごとのプランなし						

1日の約定代金合計額に応じた手数料（現物取引）

	10万円	20万円	30万円	50万円	100万円
楽天証券／SBI証券	¥0	¥0	¥0	¥0	¥0
マネックス証券	¥500	¥500	¥500	¥500	¥500
auカブコム証券	1約定ごとのプランなし				
岡三オンライン証券	¥0	¥0	¥0	¥0	¥0
松井証券	¥0	¥0	¥0	¥0	¥1,000

※2020年12月17日時点、税抜

ネット証券だと手数料が安く済みます！

注目は楽天証券とＳＢＩ証券です。どちらも「１日の約定代金合計額に応じた手数料」が１００万円まで０円になっています。売買手数料がいくらでも、購入する株式自体は同じものですから、手数料は安いに越したことはありません。両社はどちらも人気のあるネット証券で、株式以外の取扱商品も多数揃っているので、今後さらにいろいろな投資をしたいという場合にも、使い勝手がいいでしょう。

また、さらに**少額から株式投資をスタートしたい場合には、スマホ証券がおすすめ。**

通常、株は、１００株単位で売買します。ですからたとえば「１株１０００円」とい

主なスマホ証券の特徴

	主な特徴	最低購入単位	手数料
STREAM	◎東京証券取引所に上場する株を無料で購入できる ◎オンラインコミュニティ（アプリ上で他のユーザーと情報交換ができる）	100株～	◎取引手数料：無料 ◎入出金手数料：無料
LINE証券	◎株式（約1,000銘柄）、ETF、投資信託を購入可能 ◎メッセージアプリ「LINE」から投資可能 ◎LINEポイントを投資に利用可能	◎株式・ETF：1株～ ◎投資信託：100円～	◎取引手数料 ○日中取引 0.05％ ○夜間取引 0.5％ ◎入金手数料：無料 ◎出金手数料：LINE Payに出金すれば無料、銀行口座への出金は1回220円
SBIネオモバイル証券	◎ネオモバポイント Tポイントを利用して投資できる ◎定期買付サービス 毎月指定した日に株を買い付ける	◎ネオモバポイント：1株～ ◎定期買付サービス：100円～	◎取引・サービス利用料 月220円 ※月間の国内株式約定代金合計額50万円までの場合 ◎入出金手数料：無料
PayPay証券（旧OneTap BUY）	One Tap BUY日米株 1,000円から日本株・米国株（計230銘柄程度）に投資できる ※会社名変更により、サービス名が変わる可能性があります	1,000円～	◎取引手数料： 約定価格の0.5％ ◎入出金手数料：有料 ◎出金手数料：有料 ※ソフトバンクカード・ドコモ口座への出金は無料
日興フロッギー	記事から株を買える 記事内に出てくる企業の株をすぐ購入可能	100円～	取引手数料 ○購入時 100万円以下：無料 100万円超：1％ ○売却時 100万円以下：0.5％ 100万円超：1％ ○入出金手数料：無料

※2020年12月17日時点

スマホ証券なら、少額から気軽に投資できる！

う株を買うときにも、1000円×100株＝10万円が必要です。その点多くのスマホ証券では、1株単位、あるいは100円・1000円からといった少額での取引が可能になっています。しかも、これまで投資をしたことのない人でも銘柄選びに困らないように、各社UI・UXの工夫を凝らしています。

「難しそう」「お金持ちのやること」だと思われがちな株式投資も、今や誰でもできる手軽なものになっています。ぜひ口座を開設して、スタートしてみてくださいね。

5 minutes action
今すぐできる、5分アクション

❶〜❹にあてはまる企業を探してみよう

Get rich with
just 5 minutes
per day

おわりに

最後までお読みくださりありがとうございました。

本書では「1日5分」というコンセプトのとおり、知識ゼロの方でも理解でき、その日に実践すべきことや次に何をすればよいのかをできる限りやさしく解説することを心がけました。

宝くじで高額当選したり、まとまった金額の相続を受けたりしない限りは、1日でお金持ちになることは滅多にありません。

では、世の中のお金持ちはなぜお金持ちになったのか。それはやはり本書でもお伝えしているとおり、日々お金と向き合っているからです。最初は1日5分だったかもしれません。

僕自身、仕事柄もあり、毎日お金と向き合っていますが、お金のことを考えることで、お金が磁石のように集まってくると感じています。「1日5分で、お金持ち」は言い得て妙だなと思います。

ところで、お金持ちはなぜお金持ちであり続けるのかが気になりませんか？

それは、「お金は使うと増える」という「投資脳」で考えている習慣があることが、お金持ちであり続けている主要因だと感じます。「お金を価値あるものに使って今あるお金をもっと増やす」という視点で、物事を捉えているのです。

みなさんも、本書で紹介した「消費脳」「浪費脳」にならず、「投資脳」になるよう習慣化できれば「貯金体質」に変わっているはずです。

さて、ここからは本書であまり触れてなかった「自己投資」について話したいと思います。

世界中で猛威を振るう新型コロナウイルスは、私たちの働き方を変化させました。みなさんの中にも、リモートワーク（在宅勤務・テレワーク）をしている方がいるでしょう。

東京都が2020年6月に実施した「テレワーク導入実態調査」によれば、都内企業（従業員30人以上）のリモートワーク導入率はすでに57・8％となっています。

リモートワークでは、時間に縛られることがないかわりに、結果が何よりも求められます。

リモートワークに必要なスキルには、コミュニケーションスキル、スペシャリストのスキル、期限内に結果をアウトプットするスキルなどが挙げられるでしょう。仕事の成否の判断材料になるのは結果、つまりアウトプットです。

また、10年・20年後にどのような仕事があるか一度ゆっくり考えてみてください。仕事は、ロボットや人工知能に代替されにくい能力が発揮できる仕事が残りそうですよね。代替されにくい仕事は、人間ならではのスキル、たとえば、共感能力、創造性、柔軟性、敏捷性、コミュニケーション力などを生かした仕事といえます。このようなスキルを伸ばしていくべきでしょう。

「人生100年時代」といわれるこの時代は、それだけでは十分ではありません。自分の知識やスキルを生かして仕事をするにしても、仕事をくれる人脈、一緒に働いてくれる仲間、長く働き続けるための健康も必要となってきます。つまり、100年生きる時代においての自己投資は、知識、スキル、人間関係、評判、健康などお金に換算できない「見えない資産」を増やすことといえます。

ただし、自己投資がいくら大切といっても、毎月赤字家計になったり、家計が破綻してしまったりしては元も子もありません。赤字家計や家計破綻を避けるためには、自己投資の割合を決めておくとよいでしょう。

働き方や家族構成によって、自己投資の割合は変わってくると思いますが、手取りの1～2割を目安にすると家計に負担なくすみます。そして、肝心要の自己投資先は、時間と費用対効果を考え決めるようにしてください。自分にとって本当に必要な自己投資なのか、あるいは浪費（回収不能）になってしまうのかを見極めることが大切です。

あなたの価値が高まると、それが評判となり、やがて部署や会社といった垣根を飛び越えて、「あなたと仕事がしたい」というオファーが舞いこむこともありえます。これからは部署や会社だけでなく、実力のある個人（価値の高い個人）と仕事をする時代になっていきます。

そうした潮流においてクオリティーの高い仕事をこなせば、他者からの評価が高まり、さらに自分の価値は高まっていくのです。

本書を読んで、次の一歩を歩まれた方は、立派なマネーの賢人です。お金と向き合い実際に行動すると、今まで素通りしていた情報が頭に入ってくるようになりますし、自分の経験を踏まえながら、情報を取捨選択できるようになると思います。

お金は一生を通じて付き合うもの。そのときどきで必要な知識や手段は変化します。本書を読んで終わりにするのではなく、書籍やセミナーから継続的に情報収集をして、行動し続けましょう。

また、プロの力を借りるのもひとつの手です。客観的なアドバイスを受けることで新しい視点を獲得できます。

そのような毎日の積み重ねが、将来を形づくります。

今やるか、あとでやるか。続けるか、続けないか。

最後にみなさんに私が大好きな言葉を贈ります。ドイツの文豪ゲーテさんの言葉です。

〝願っているだけでは十分ではない、行動せよ。
知っているだけでは十分ではない、実行せよ。〟

＊　＊　＊

本書を執筆するにあたり、編集をご担当いただいたクロスメディア・パブリッシングの大沢卓士さん、執筆サポートをしてくれた畠山憲一さんには心から感謝いたします。また、いつも私を支えてくれている株式会社Money&Youのメンバー、仕事仲間、家族、友人、知人にもこの場を借りてお礼を申し上げます。

本書が、みなさまのお役に立つことを心より願っています。

2021年1月吉日　頼藤太希

【著者略歴】

頼藤太希（よりふじ・たいき）

株式会社 Money & You 代表取締役／マネーコンサルタント

日本証券アナリスト協会検定会員、ファイナンシャルプランナー（AFP）、日本アクチュアリー会研究会員、中央大学客員講師。

慶應義塾大学経済学部卒業後、外資系生命保険会社にて資産運用リスク管理業務に従事。2015 年に（株）Money & You を創業し、現職へ。女性向け Web メディア『FP Cafe』や月 300 万 PV、250 万 UU の『Mocha（モカ）』を運営すると同時に、マネーコンサルタントとして、資産運用・税金・Fintech・キャッシュレスなどに関する執筆・監修、書籍、講演などを通して日本人のマネーリテラシー向上に注力している。

『SNS 時代に自分の価値を最大化する方法』（河出書房新社）、『はじめての NISA & iDeCo』（成美堂出版）、『ゼロから始めて 2 時間で一生困らないマネープランができる本』（彩図社）など著書多数。

1日《にち》5分《ふん》で、お金《かね》持《も》ち

2021年 2月 1日 初版発行

2021年 4月 26日 第2刷発行

発行 **株式会社クロスメディア・パブリッシング**

発行者 小早川幸一郎

〒151-0051 東京都渋谷区千駄ヶ谷 4-20-3 東栄神宮外苑ビル

https://www.cm-publishing.co.jp

■本の内容に関するお問い合わせ先 …………………… TEL（03）5413-3140／FAX（03）5413-3141

発売 **株式会社インプレス**

〒101-0051 東京都千代田区神田神保町一丁目105番地

■乱丁本・落丁本などのお問い合わせ先 ……………… TEL（03）6837-5016／FAX（03）6837-5023

service@impress.co.jp

（受付時間 10:00～12:00、13:00～17:00 土日・祝日を除く）

※古書店で購入されたものについてはお取り替えできません

■書店／販売店のご注文窓口

株式会社インプレス 受注センター ……………………… TEL（048）449-8040／FAX（048）449-8041

株式会社インプレス 出版営業部 ………………………………………… TEL（03）6837-4635

ブックデザイン 金澤浩二

DTP 荒 好見

印刷・製本 株式会社シナノ

イラスト どいせな

図版作成 長田周平

校正 小倉レイコ

ISBN 978-4-295-40497-2 C2034